依法治校
实践论文集

徐东兴　主编

WUHAN UNIVERSITY PRESS
武汉大学出版社

图书在版编目(CIP)数据

依法治校实践论文集/徐东兴主编.—武汉：武汉大学出版社,2022.12
ISBN 978-7-307-23455-0

Ⅰ.依… Ⅱ.徐… Ⅲ.高等学校—学校管理—法制管理—中国—文集 Ⅳ.G647-53

中国版本图书馆 CIP 数据核字(2022)第 218296 号

责任编辑:黄金涛 责任校对:鄢春梅 版式设计:马 佳

出版发行:**武汉大学出版社** （430072 武昌 珞珈山）
（电子邮箱:cbs22@whu.edu.cn 网址:www.wdp.com.cn）
印刷:武汉邮科印务有限公司
开本:720×1000 1/16 印张:13.75 字数:201 千字 插页:1
版次:2022 年 12 月第 1 版 2022 年 12 月第 1 次印刷
ISBN 978-7-307-23455-0 定价:65.00 元

目　　录

浅析习近平法治思想
在高校交通环境依法治理中的实践

周洪波

(武汉大学测绘遥感信息工程国家重点实验室)

摘　要：依法治校是依法治国的一个具体实证。随着高校校园规模的扩大，经济的快速发展，校园内拥挤的车辆与落后的规划、缺位的交通设施使得高校的交通安全环境越来越差，加大了师生员工在校园通行时受伤害的风险。面对现状，高校在依法治理实践中应深入调查引起高校交通环境变化的因素和发展趋势，统筹资源，做好顶层设计，以习近平法治思想为指导，依据宪法和法律，坚持以人民为中心，制定完备的、可操作的校园交通安全管理制度完整体系，并在实践中逐渐完善，使校园交通安全管理真正做到有法必依、执法必严，违法必究，切实保障师生员工的人身安全。

关键词：高校；交通环境；依法治理；法治思想；管理实践

一、引　言

随着高校校园规模的扩大，经济的快速发展，校园内车辆的拥挤与落后的规划、缺位的交通设施使得高校的交通安全环境越来越差，加大了师生员工在校园通行时受伤害的风险。面对现状，高校如何治理，切实保护师生员工的人生安全，受到全社会的密切关注。

1

依法治校是依法治国在国家治理实践中的具体体现。2020年11月召开的中央全面依法治国工作会议，最重大的成果是确定了习近平法治思想，明确了习近平法治思想在全面依法治国工作中的指导地位。习近平法治思想中，坚持以人民为中心，坚持建设中国特色社会主义法治体系，坚持全面推进科学立法、严格执法、公正司法、全民守法等核心要义为高校完善校园交通安全治理指明了方向。

二、高校交通环境依法治理的实践路线

高校交通环境的好坏受多重因素影响，比如道路规划、师生出行模式、交通条件、交通硬软件投入、校园交通管理人员的思想和管理方式、校园通信人员的交通安全意识等，这些因素相互制约、相互影响，因此高校交通环境治理是一个复杂的、系统性工程。

对于高校的交通环境治理需要清晰地认识各种影响因素，并从复杂的影响因素中抓住核心目标。据此在习近平法治思想的指导下制定高校环境治理的实践路线：坚持以人民为中心，深入分析校园交通环境中各类影响因素和变化趋势，依据校情完善交通硬软件体系，科学建设交通管理制度体系，提高师生员工遵守交通法律法规的意识，依法依规严格管理交通秩序，提升校园交通环境安全指数。本文将以此路线对校园环境依法治理实践进行探讨。

三、高校的交通环境变化认识

随着我国经济的快速发展，居民收入逐年增长，原来安静的校园交通环境已经产生了翻天覆地的变化。

(一)高校占地规模的扩大和经济提升，增加了校园车辆通行数量

高校的扩招和体制的改革，一方面推动了高校之间的合并或扩展，扩大了高校的用地规模，学院因学科调整进行了分解和融合，加大了师生因

学习、生活和校园在大校区内部的流动性；另一方面高校将分散的科研教学服务部门集中到一地形成办公行政服务中心，创新一条龙服务模式，提高了办事效率，实际上也将师生在原校区的活动扩大到了大校区。为了缩短在大校区内通行的时间，提高办事效率，这种大校区的穿梭大大提升了师生的用车需求。

货币化分房改革以后，在校外购房的教职员工主要依靠通勤车或公共交通上下班。随着家庭收入的增长，自购机动车开车上班的教职工数量越来越多，同时也增加了在校区内开车办事的频次。家庭经济的好转也改变了一些学生的出行模式，很多学生会自购轿车、电动自行车或自行车来出行。

另外，开展教育培训、环境维护、后勤服务和基建等工作也需要采用不同类型的车辆来提高办事效率。譬如采用大型车辆接送培训学员，利用中小型车辆接送和整体转运快递、运送生活物资，生活垃圾和花草浇灌，利用重型车辆进行基建等。

当然，用车的需求因人因事会有不同，但整体趋势是随着经济建设的增长，用车的需求也在增长。

（二）车辆的增长和落后的校园规划，挤压了师生员工的活动空间

对于大校区通行需求，部分高校开通了通勤车，定时或定员发车，沿着固定路线行驶，定点上下客，部分解决了师生校园中穿行的需求。对于多样化的个体通行需求，部分高校引入了具有私人定制服务特性的共享单车/电动自行车，只要会骑自行车或电动自行车就可以使用，极大地满足师生的个性化需求。同时几乎所有高校都为教职工和服务师生的社会车辆也开放了校园通行权利，甚至连校园周边的一些企业也会因为和校园有业务关系，也获得了校园通行权利。这些通行权利的开放，以及师生车辆大大增加了校园内的车辆数量，对校园通行空间带来了挑战。

我国大部分高校的道路规划只有路面和路肩，没有专用的停车空间。学校在开放校园通行权利后，部分路面和路肩空间逐渐被各类车辆所占据，有时教职工因找不到停车位而耽搁较长时间或违停。初始引入的共享单车，因

缺乏相应的管理措施，部分师生随意停放，校园环境不堪入目，使得大部分高校管理层不得不禁止共享单车进入，代替以具有定位能力的共享电动自行车。相对于共享单车来说，电动自行车使用成本增长了几倍，在武汉，共享单车是3元/小时，不受位置限制，而共享电动自行车是6元/小时，并被限定在校园内使用，增加了师生出行负担；另外两者的体积不一样，相同数量的电动车占地空间要远大于共享单车。共享车辆在不同时间段停放的位置有一定的规律性，但基本上是占据了路面、路肩或广场这些师生员工可以通行的空间，使得师生不得不停停走走缓慢通过，大大挤压了师生的活动空间。

另外，每当毕业季后，校园中就多了一些无主车。还有一些失去使用价值的机动车被丢弃在校园某些空地中，无人管理。这些被丢弃的车辆，一方面在风吹日晒雨淋之后变得锈迹斑斑，胎破车烂，严重污染了校园环境；另一方面，它们的存在进一步挤压了师生的可利用空间。

(三)交通通行设施的不完备，加大了交通安全的风险

高校内的交通设施设置以及管理制度建设方面还存在不完备的情况，比如交通信号灯、限速警示牌、交通反光镜、道路减速带标识、其他交通标识牌，还有师生机动车、通勤车、临停机动车等停车位标识牌的设置。缺乏交通辅助设施的合理引导和警示，驾驶人员超速行驶，各种车辆随意停放，东倒西歪，随处可见。而师生自有的电动自行车，因缺少公共充电装备，不得不私拉电线进行充电，这又埋下了因电起火的危险种子。

另外，师生通行空间被挤压，电动自行车、共享单车和自行车以及机动车混合行驶在同一条道路上，特别是上下课时段，人员密集，很容易造成机动车、电动自行车、自行车和行人之间的刮擦，严重的情况下可能会造成交通事故。

(四)交通参与人的安全意识淡薄是交通安全的主要驱动因素

交通安全源于交通参与人的道路交通安全意识程度。机动车驾驶员受

过专业学习和考试，具有较强的道路安全意识，驾车进入校园后，多数会根据经验或限速牌控制车速，缓慢通行。但是，在没有限速警示牌提醒下，在直线路段上下意识会提速行驶，如果注意力不集中，就有可能造成交通事故。

通常，师生员工会认为在校园内骑车和行走肯定比公路上安全，交通安全意识比较淡薄，而部分大学生又缺乏社会经验，在道路上行走时边走路边看书或者看手机听音乐，注意力不集中，甚至有时会无意识撞上行驶的或停在路边车辆，造成不必要的交通事故。另外，快递小哥超速送单的心理，也提升了交通事故的发生概率。

四、高校交通环境中的隐患及可能的社会影响

高校复杂的交通环境，时刻埋藏着各种类型的交通隐患，一旦发生将会给各方巨大的影响。

高校复杂的交通环境容易产生行人碰撞，非机动车与行人之间的刮擦，机动车与非机动车、行人之间的交通事故。行人碰撞主要是行人之间无意识的碰撞，一般情况下，相互之间可以谅解。非机动车与行人之间的刮擦是指非机动车因超速、强行通过人流或车辆失控与行人之间的碰撞，伤害程度一般较低，侵害方在赔礼道歉或给予一定的经济赔偿后容易得到受害方的谅解。机动车与非机动车或行人之间的交通事故，轻则造成非机动车、行人的受伤，重者可能造成人员伤残或死亡。有时即使小的刮擦，也会为交通环境复杂造成严重后果，所以交通参与各方对此都不能掉以轻心。

高校的师生比一般都在 1∶23 以上，2018 年武汉大学的师生比为 18.91。这说明校园中的交通事故，学生受伤害的概率极高。当然，无论是谁受到伤害，都会给伤者、学校还是伤者家庭带来危害。致人受伤，将会导致伤者丧失工作、学习的机会，打乱其正常的生活秩序，分散其家人的精力和时间，甚至会影响其升学、就业、升迁等机会，即使赔偿也只是对直接损失的赔偿，无法弥补其他方面的损失；致人残疾，随着残疾程度的加深，受害人的美好

前景将会不在，甚至会丧失工作能力和生活自理能力，严重者可能会导致死亡。致残不仅给受害人个体带来身心痛苦，同时也给其家人带来了巨大的经济包袱和内心的痛苦，先不论家庭医疗支出压力，最直接地使得受害人家庭残缺不全，幸福生活将不复存在；致人死亡，将会使原本完整的家庭瞬间破碎，失去子女的父母一生付出得不到应有的回报，这对于只有一个孩子的家庭来说，说是灭顶之灾也为之不过。另外，交通事故发生后，学校也要不同程度地承担责任，当事故处理不当时，有可能加大受害家庭与学校的矛盾，甚至会影响学校正常的教学秩序。

因此，高校不仅要关心师生的校园通行便利时，更应及时构建校园交通管理制度体系，完善交通设施，严格规范交通秩序，保护师生的生命安全。

五、高校交通环境治理措施

面对高校师生的交通出行需求，高校应以习近平法治思想为指导，建设校园交通安全环境管理体系，严格落实交通安全管理措施，切实维护师生生命安全。

(一)摸清家底，顶层设计校园交通环境

摸清家底。应成立专班，在二级单位的配合下调查师生员工及其他类型车辆的通行需求；摸清校园内外已有地上地下空间资源，以及可挖掘可预期的地下或者地上立体空间资源，并统计出校园内各单位各处长期停放和动态停放的机动车车辆的平衡数以及非机动车的停车数量以及未来的变化趋势，弄清家底。

合理引导需求，顶层设计。在弄清家底的基础上，统筹考虑校园立体空间资源和停车需求，结合校园道路现状和远期规划组织规划设计专家，在听取各个单位意见的基础上进行立体停车空间和交通环境顶层设计，并以有利于改善校园通行空间为方向，积极引导师生在自由和共享车辆出行之间进行调整。

(二) 强化交通规划详细设计, 完善交通设施配置

依据顶层设计, 聘请道路规划设计专家编制交通环境详细设计, 保证设计成果的专业性和科学性。整修校园道路基础, 完善交通辅助设施配置, 有效提高交通参与人在道路上通行时对交通环境的专注度。校园是人员密集的区域, 任何车辆进入校园后在合理的交通提醒或语音导航提示下, 都可提高驾驶人员的警觉性, 比如在校园入口处或人员通行相对密集区域前设置醒目的限速牌; 在公众导航软件上准确标注校园内交通约束信息, 及时提醒驾驶员。在拐弯或上坡路段设置盲区反光镜, 辅助驾驶人了解道路状况。

通过多方面建设, 形成以布局合理的停车空间、健康的道路基础、人性的交通辅助设施主要组成部分的校园交通硬件体系。

(三) 完善交通安全管理制度体系

目前多数高校根据学校章程编制了校园内部车辆管理办法, 但这些办法因可操作性差, 实际执行和监督起来非常困难。如某校《校园内机动车交通管理办法》规定:"职工班车、校园巴士等校内公车未在规定的停车点上下乘客或超载的, 情节轻微的, 给予口头警告", 但在校园内找不到"职工班车停车点"的明显标识牌。又如"进入校园的车辆, 驾驶员应当停放在停车场或停车位内。在施划有停车位线的场地, 一辆机动车只能占用一个车位, 车身不得越过车位线", 但实际上校园内停车场要么限制入内, 要么看不到几个明显停车位。由此可以看出, 管理制度的建设应与现有的硬件基础为前提, 如果脱离现实制定管理办法, 其结果可能是有法难依, 执法难严, 违法难究。

因此, 高校首先应建立以章程为核心的制度体系, 要有可操作性。其次, 随着基础设施的逐渐完善, 应不断地更新管理制度。在基础设施不完善的情况下, 重在引导, 弱化惩罚; 随着基础设施不断完善, 制度完善, 重在执行, 强化惩罚。交通管理制度除了对车辆进出校园、在校园行驶和停放以及报废处理的规定外, 还应对车辆的驾驶人文明驾车要求进行规定, 特别是职工班

车和校园巴士驾驶员。

(四)加强交通安全教育，提高全员守法意识

面对每年一波推送一波的新生，高校应建立长期有效的交通安全教育机制。

抓着学生在校期间的关键节点，构建交通安全教育框架。如新生入学教育、中期考核节点、毕业答辩节点，利用这些对学生较为关注的节点，加强对学生的交通安全教育，强化学生的交通安全意识；结合案例进行法制教育，创新教育方式。将道路安全交通法规，校园交通管理制度、驾驶技能培训知识以及交通事故案例结合起来进行讲座，让师生员工从多个角度了解道路交通安全的重要性；以学习竞赛补充日常宣传，活化安全教育组织形式。高校应利用各种活动加强交通安全的日常宣传，二级单位、行政部门、学生小班可独立或联合组织竞赛学习。通过多种形式的交通安全教育，切实提高师生员工交通安全意识，提高师生员工遵守交通道路安全法规和自我保护的自觉性。

六、校园交通安全管理是习近平法治思想的具体实践

面对校园越来越拥挤、越来越复杂交通环境，高校必须坚持以人民为中心，依靠人民，群策群力，摸清家底，科学统计和预测，统筹资源做好校园交通顶层设计，完善校园道路和停车空间基础设施建设，依法编制交通管理的制度体系，加强交通安全教育，才能最大程度降低交通安全事故，保护人民的人身安全。

校园交通安全管理时间既是高校保证科研教学有序开展的重要工作，更是习近平法治思想在高校管理中的具体体现。

参考文献

[1]李林：《习近平法治思想的核心要义》，《中国社会科学报》2020年11月

23 日，第 4 版。

[2]胡明：《深刻认识习近平法治思想的重大意义》，《人民日报》2020 年 12 月 15 日，第 9 版。

[3]百家号：《2018 双一流高校师生比排行：清华第 1，西安交大第 2》，载 https：//www.sohu.com/a/273704055_779932，2018 年 11 月 6 日。

[4]尤兰芳、张苒苒：《依法治校在行政工作中的应用》，《法治与社会》2019 年第 11 期。

新时代高校大学生法治教育的路径探析

王洪璐

（武汉大学公共卫生学院）

摘　要："十四五"时期我国经济社会发展的主要目标中提到社会主义民主法治更加健全，这也对法治人才的培育提出了更高要求。文章首先论述了新时代高校大学生法治教育的意义，分析了目前高校法治教育存在的现实困境，最后提出了新时代大学生法治教育的优化路径，即完善顶层设计，推进法治教育的制度建设、提升教师法学素养，优化队伍建设、推进课程改革，创新教学方式。

关键词：法治教育；高校；大学生

习近平总书记在党的十九大报告中对新时代坚持和发展中国特色社会主义的基本方略进行了阐述，坚持全面依法治国是新时代坚持和发展中国特色社会主义的基本方略之一。党的十九届五中全会通过的《中共中央关于制定国民经济和社会发展第十四个五年规划和二〇三五年远景目标的建议》（以下简称《建议》），确定了"十四五"时期我国经济社会发展的主要目标中提到社会主义民主法治更加健全。高校大学生推动国家发展社会进步的重要力量，我国法治社会建设不断完善且社会经济发展水平不断提高对大学生综合素质的要求进一步提高，法律素质成为大学生必备的素质之一。高校作为国家人才培养的重要摇篮，是我国全面推进依法治国的重要基层建设力量。要想增强大学生的法律意识，丰富大学生的法律知识，高校应当充分认识到新形势下法治教育的必要性，落实法治教育的实践，切实提升高校的法治教育水平。

一、新时代高校大学生法治教育的意义

(一)有助于推进全面依法治国

全面依法治国是我党执政兴国的基本方略之一，是人民谋取幸福生活的重要保障，也是党和国家事业发展的必然要求。新时代贯彻"全面依法治国"基本国策重点在落实，关键靠人才，如果没有高素质的法治人才，将难以实现全面依法治国。因此，现在急需培养一批具有高素质的法治人才，以大学生为代表的青年是推动国家和社会发展的重要力量，他们的价值取向就代表着整个社会未来的价值取向，而大学生正处在理想信念、意志品质等观念养成的关键时期，做好大学生这一时期的思想引导和价值观教育显得十分重要。要培养高素质的法治人才，就需要培育大学生的法治观念、提高大学生的法治意识、提升大学生的法律素养，为他们扣好"法治"这粒扣子，才能为贯彻落实依法治国方略、深入践行社会主义法治提供有力的人才支撑。

(二)有助于形成良好的社会风尚

良好的社会风尚的和核心内容就是社会主义核心价值观，"法治"作为社会主义核心价值观社会层面的基础要素，在培育和践行社会主义核心价值观上发挥着不可或缺的作用。法律法规在维护社会公平正义，传导正确的价值导向有着不可或缺的作用。加强大学生法治观念的培育，将法律与道德、法治与德治紧密结合起来，能够提升学生对规则和社会道德的认知和认同。加强大学生的法治观念和法律意识有助于维护社会稳定，使其成为社会主义核心价值观的认真学习者、忠实崇尚者、自觉践行者和积极传播者，形成良好的社会风尚。

(三)有助于促进大学生的全面发展

大学生对于事物的认识、理解具有较高的可塑性，高校需适时对其开展

思想政治教育，拓宽其对价值观、人生观、世界观的认识，引导学生向上向善，使其能准确定位自身与社会发展需要。高校学生是实现中华民族伟大复兴的建设者和见证者，也是推进社会主义法治建设的中流砥柱。加强法治教育工作，让大学生加深对中国特色社会主义法治文化及法治价值的理解和认同，使之知法、懂法、守法和尊法，树立宪法意识、国家意识和法治意识，成为讲规则、守秩序、敬畏法律的现代公民，进而成为担当民族复兴大任的时代新人。

二、新时代高校大学生法治教育的现实困境

(一)高校法治教育工作有待重视

目前，高校的法治教育课程缺乏科学系统的设置，一般笼统简单的归入思想政治课中，忽视法治教育的独特性和专门性。目前，高校涉及的法律学习通识教育必修课程仅有"思想道德修养与法律基础"，其他法律专业课程仅作为部分选修课，无法满足法治社会发展对大学生应具备的法律基本素养的要求。此外，在仅有的"思想道德修养与法律基础"公共必修课程中，法治教育课时安排相对较少，课程教学重点落在思想道德教育而忽视系统性的法治教育。

高校的法治教育不仅要将"以人为本、立德树人"原则放在首位，以"立德树人"契约精神"为目标导向，以"发现问题、解决问题"为优化导向，将法治教育工作做好做实，根据高校学生群体的特征，需要优化设计思想政治教育方案。

(二)高校法治教育形式有待提高

当前高校法治教育的教学内容较为陈旧，教学方式单一，难以紧跟时代和社会的发展，导致学生在学习时缺乏学习兴趣，学习主动性不强，仅以完成教师布置的课程任务和获得相应学分为学习目标，甚至是临考前突击学习，

以不挂科为目标，学习效果较差。

一方面，教育内容难以及时反映社会热点问题，与实际生活相距甚远。法治教育主要依托教材，但教材的编撰本身具有滞后性，部分案例过于陈旧，不够鲜活，与生活实际的耦合度不强，难以使学生信服。另一方面，教学方式较单一。目前，法治教育的教学方式还是通过思政课进行，大多采用教师讲学生听的单项灌输式教育方式，难以适应时代的发展需要。教师照本宣科甚至逐字逐句地宣读法条，难以吸引学生的注意力，使法治课授课效果差强人意。

(三) 教师专业素养有待提高

教师是兴教之本、兴教之源。办好高校法治教育工作，离不开一支政治素养过硬、专业能力卓越、育人水平超凡的高素质专业化法治教育教师队伍。但是，目前高校法治教育师资队伍建设还未完善，甚至可以说仍在探索起步阶段，缺少专业知识储备的法治教育教师，大多由思想政治教师或者辅导员兼任，这些教师一是欠缺专业的法学理论知识，只知其然不知其所以然，只能照本宣科；二是实践经验不足，将只是停留在书本上，不能把理论与实践结合起来，在一些实际问题中显得束手无策。可见，目前高校急需断优化思想政治课教师队伍的政治素养、专业能力和育人水平。建设一支高素养的法治教育思想政治教师队伍。

三、新时代高校法治教育路径优化

(一) 完善顶层设计，推进法治教育的制度建设

高校领导层面应当认识到法治教育的重要性，要高度重视法治教育，高校各职能部门与基层学院要坚决贯彻党中央方针政策，不断完善法治工作机制，坚持以立德树人为根本，坚持依法治校，切实做到依法依规办事，不断强化民主管理，构建适宜于高校内部治理体系的系统性的法治教育工作体制

机制。做好顶层设计，对大学生法治教育的进行整体规划，制定完整的法治教育培养方案，建符合时代标准的法治育人目标体系。同时，做好基层调研，加强与院系交流，建立监督反馈机制，提升高校内部治理能力，全面推进大学生法治教育。

(二)提升教师法学素养，优化队伍建设

高校可根据实际情况，由法学学科带头人负责牵头，联合包括校内专职教师、校外兼职教师、学校行政人员以及相关学科专家在内的学科教研团队。以线上线下相结合的方式，定期开展与大学生法治教育相关的培训活动。培养教育管理工作者的法治思维，强化法治程序工作理念，善于运用法治思维来解决学生教育管理工作中出现的实际问题，真正做到公正公平公开，提升高校教师队伍的法治专业性，推进高校教师队伍的法治职业化建设。

(三)推进课程改革，创新教学方式

高校可以增设宪法、民法典等与学生、社会息息相关的法律通识课程作为大学生在校期间的必修课，构建系统性的法治教育基础课程体系。在教学形式上，用教师——学生"双主体"模式。加强问题导向，紧跟国家大政方针和社会重大和热点问题，使用启发式教学，增加辩论、情景模拟等形式，充分发挥学生的主观能动性。此外，还可以将这些法律重点课程纳入学校第二课堂，开展法治教育相关的校园文化活动与社会实践活动，不断创新教育方式，将法治教育贯穿大学生的学习生涯，提高法治教育的实效性。

四、结　语

新时代下，国家对大学生的法治素养要求不断提升，提升高校法治教育发展质量具有重大而深刻的理论和现实意义。面对当前高香大学生法制教育的现实困境，高校应当从完善顶层设计，推进法治教育的制度建设、提升教师法学素养，优化队伍建设、推进课程改革，创新教学方式三个方面优化教育路径，不断加强大学生的法治观念，使之努力成为社会主义法治的忠实崇尚者、自觉遵守者、坚定捍卫者，坚定不移走中国特色社会主义法治道路。

参考文献

[1]万浩，熊佳俊.新时代大学生法治观念培育的意义与途径[J].高校辅导员学刊，2018，10(04)：33-36.

[2]刘志奇，刘海燕."以人为本"视角下的青年思想政治教育[J].河北大学学报(哲学社会科学版)，2010，35(04)：139-142.

[3]栾云镪，肖金云.新时代高校法治教育现实困境与对策思考[J].法制与社会，2021(18)：164-165.

[4]吴有才.思政课程中加强法治教育的重要意义及其路径优化[J].山东青年政治学院学报，2021，37(S1)：93-96.

[5]陈秀梅，赵晓靖，杨倩."双一流"建设背景下大学生法治教育的路径探析[J].法制博览，2021(20)：181-183.

依法治校背景下高校辅导员法治素养的培养

文贝西

(武汉大学国家网络安全学院)

摘　要：辅导员法治素养的提升是全面推进依法治国的时代要求，也是提升辅导员专业化、职业化建设的必然要求。法治素养包括掌握一定的法律知识，形成法治观念，能用法律知识和法治思维方式去解决实际问题。而要提升辅导员的法治素养，不仅需要高校持续健全和完善大学生日常事务管理相关的法律和制度规范，加大法治素养考核占辅导员的选聘以及考察的比重，加强对辅导员法治素养培养的教育培训，更需要辅导员增强对职业的认同感，主动提升自身的法治素养。

关键词：高校辅导员；法治素养；依法治校

《教育部关于进一步加强高等学校法治工作的意见》明确指出，高校要深入学习贯彻习近平总书记全面依法治国新理念，切实把依法治理融入、贯穿学校工作全过程和各方面。正所谓"国无常强无常弱，奉法者强则国强，奉法者弱则国弱"，作为大学生思想政治教育和管理工作的组织者、实施者和指导者，行走在学生工作一线的高校辅导员正是落实依法治校的重要力量，辅导员只有具备了一定的法治素养，在平时的管理和教育过程中充分运用好法律思维和法治方式，才能在维护学生权益、切实推进依法治校等方面发挥重要作用。

一、新时代辅导员提升自我法治素养的现实意义

一方面，提升辅导员法治素养是全面推进依法治国的时代要求，是实现法治服务、法治育人的依法治校新常态的客观要求。

《全面推进依法治校实施纲要》指出学校要牢固树立依法办事、尊重章程、法律规则面前人人平等的理念，全面提高教职工和学生的法律素质，建立公正合法、系统完善的制度与程序，增强运用法治思维和法律手段解决学校改革发展中突出矛盾和问题的能力。而全面推进依法治校，提升学校管理的法治化水平，建设民主校园、和谐校园、平安校园，需要具备高法治素养的管理队伍为保障。

辅导员活跃于学生工作的一线，其践行法治的言行会起到潜移默化的教育作用，是重要的法治教育资源。从学校的层面来看，辅导员是与学生联系最为紧密的群体，是依法治校最直接的基层实施者，大学生法治思维培养有赖于辅导员对法治精神的传播；从国家的层面来看，作为衔接依法治国、依法治校与学生法治教育的桥梁，辅导员队伍素养的高低将直接关系到国家最新法治理念和学校的治校措施能否实现。因此，全面加强高校辅导员队伍的法治素养建设，使辅导员成为法治先行者，是培育高校大学生法治信仰，增强法治宣传教育针对性和实效性，引导高校大学生做社会主义法治的忠实崇尚者、自觉遵守者、坚定捍卫者的现实需求。

另一方面，提升法治素养是促进辅导员专业化、职业化建设的必然要求。随着我国法治化水平的不断加深，当代大学生群体的法治意识也在不断增强，维权意识和权利意识显著提升，硬性管理显然已经不能满足他们的需要，这也给辅导员的工作方式提出了更高的要求。与此相矛盾的是，当前辅导员在学生教育管理中一般遵循经验管理，习惯于通过下指令的方式来管理学生，忽视了学生在高校的主体地位，对学生民主参与学校相关事务重视不够，更注重教育管理结果而不是过程，更强调学生的纪律义务而不是法律权利，辅导员法治化管理能力的不足成为了制约辅导员工作实效的障碍和困境。

此外，法治教育是思想政治教育的重要组成部分，但辅导员由于日常工作繁杂，且受限于专业背景，较少开展实质性的法治教育，最常见的就是通过宣读法律法规文件和带领学生学习《学生手册》等途径开展法律知识教育，而对法治理念和法治精神鲜有阐述，更是缺乏对大学生法治思维的训练和用法能力的培养，因此，学生工作法治化和学生的法治教育也成为当前辅导员工作中的热点问题。《高等学校辅导员职业能力标准（暂行）》明确提出了辅导员所应掌握的法律法规知识，《普通高等学校辅导员队伍建设规定》也指出法律法规知识是辅导员职业知识储备中的重要内容。具备成熟的法治素养是实现当下学生管理法治化的现实需要，更是衡量辅导员专业化、职业化建设的重要标准。

二、高校辅导员法治素养的内涵

法治素养是指人们通过学习、训练和实践后，形成了对法治含义的理解、对国家法律价值的取向、法律制度的认识，从而树立起法治精神和法律信仰，并能自觉以法治理念指导和解决实际工作问题的能力。具体来看，高校辅导员法治素养的构成主要体现为三个基本要素：

（一）掌握一定的法律知识是辅导员法治素养形成的前提

《普通高等学校辅导员队伍建设规定》明确提出辅导员需要"掌握相关法律法规知识"，提升专业化能力的培养。具体来看，根据工作职责，辅导员应掌握的法律知识可以划分为三个部分：

第一，与思政教育密切相关的法律知识。包括我国的根本大法——宪法，辅导员除了需要熟悉宪法内容，还应当具备宪法精神，维护宪法权威。其次是与思政教育直接相关的行政法规，主要包括《关于加强和改进新形势下高校思想政治工作的意见》《普通高等学校辅导员队伍建设规定》《高校思想政治工作质量提升工程实施纲要》等。

第二，教育管理相关法律知识。主要包括《中华人民共和国高等教育法》

《中华人民共和国教师法》《中华人民共和国学位条例》《普通高等学校学生管理规定》《高等学校学生行为准则》《国家教育考试违规处理办法》，此外，还包括高校制定的与学生教育管理相关的校规校纪，比如《学生手册》。

第三，其他关系大学生成长成才和职业规划的相关法律知识。包括《中华人民共和国治安管理处罚法》和《中华人民共和国刑法》《中华人民共和国劳动法》《学生伤害事故处理办法》等。

除此之外，随着网络世界的不断发展，信息网络已经成为社会发展的重要保证，网络安全早已与每个人的日常生活息息相关，高校大学生更是"用网大户"，因此，辅导员还应该了解《中华人民共和国网络安全法》《中华人民共和国保守国家秘密法》《中华人民共和国个人信息保护法》等法律法规，规范和约束大学生的网络行为，培养大学生的网络安全意识。

辅导员只有熟悉以上法律知识，才能进一步提升自身的职业素养，更好地防范学生管理工作中可能出现的法律风险，更好地指导学生避免行为中存在的法律风险。

(二) 具备一定的法律意识和法律观念是辅导员法治素养构成的关键

法律意识是指对法律尊崇、敬畏、有守法意识，增强法律意识和社会责任感，形成遇事找法、办事依法、解决问题靠法的法治思维和习惯，而对于辅导员来说，更需要加强法律观念，牢固树立权利意识、规则意识和证据意识。

辅导员在工作中首先应充分认识到自身所拥有的权利源于其角色定位和岗位职责，学生并不是辅导员日常事务管理的客体，如果不能正确看待和运用自身权利，仅仅依赖行政权力和权威实施管理必然会出现漠视学生利益、侵犯学生权利的行为。辅导员只有具备了权利意识，才能真正做到尊重和保护学生的基本权益，提升自身工作的规范性和针对性。

"没有规矩，不成方圆"，只有具备了规则意识，了解规则，依据规则，按章办事才能提升辅导员工作的有效性，保证工作的严肃性和纪律性。在处理学生工作的过程中，辅导员所应遵守的规则除了国家的法律法规，还应包含学校制定的制度规范，只有明确了规则，框定自身的行动边界，绷紧依规办事的弦，不允许超越权限办事，不用个人情感的好恶影响判断，遵守程序正当原则，严谨细致地落实各项工作，才能确保各项活动有序有效开展，提升学生对辅导员的认可度和信任度。特别是在学生评奖评优、助学帮困、就业推荐等敏感度较高的工作环节中，辅导员更需要做到一视同仁，在工作过程中公正、客观地评价每一位学生，遵守教育公平和人格平等的原则，秉公办事，提高公信力。另一方面，辅导员还应认识到学生的多样性和差异性，做到合理地去区别对待，尤其是对于家庭经济困难和存在心理、学业问题的学生，要在一定程度上加大关注力度和政策倾斜，提高亲和力，真正做到服务学生、关爱学生。

此外，辅导员还应该具备一定的证据意识，在日常的工作中注意通过文字或图片记录工作状态，保留工作痕迹，一方面便于进行工作总结，另一方面这些留存的记录是还原事实真相的重要依据，当处理复杂危机问题时，可以成为对辅导员自身履职免责的一种有效保护。

(三)提升用法能力，切实做到用法律知识和法治思维方式去解决实际问题是辅导员法治素养养成的落脚点

辅导员在处理学生工作时，需要充分运用法律知识，将法治理念和法律素养融入自己的职业观念和工作实践中，做到以事实和规则为准绳，公开公正地处理各项事务，在学生干部的选拔中，严格按照选举程序进行，而非根据辅导员个人喜好进行随意指派；在奖学金评选和团员推优时，严格按照程序进行班级推荐，并在一定范围内进行公示；在对学生进行心理辅导时，能够把握来访者隐私保护和预防心理危机事件所必需的信息公开之间的尺度。

但同时，也要注意到，辅导员是开展大学生思想政治教育的骨干力量，具有教师和管理岗双重身份，只有遵循思想政治工作规律、教书育人规律和学生成长规律，树立以人为本的理念，才能落实好立德树人的根本任务。辅导员的工作应该是有温度的，依法治校不是将法律法规作为管理学生的手段工具，而是应该将规章制度作为准则与依据，在依法治校要求的统筹指导下，

将思想政治教育的教化作用与法治化管理的规范作用相融合，将以人为本的柔性层面与纪律制度的刚性层面相融合，重视道德的浸润，强调对学生的人文关怀，做到依章办事和以德服人相结合，不断提升职业素养和人格魅力，让学生对辅导员产生认同感，自动向辅导员靠拢，提升教育引导的效力。比如对于学生请假，一方面要遵循学校学院制定的学生请销假实施细则，严格要求学生履行请假手续，提交书面申请，对于不符合程序的行为或者弄虚作假行为，要进行批评教育，给予相应的处分，提升学生的规矩意识，让学生明白"从心所欲不逾矩"的道理，另一方面，对于确有特殊情况的学生，在弄清楚事实真相后，也要给予便利，避免出现"申诉无门"的情况，让学生从心底形成对规章制度的敬畏，从而做到自觉遵守。

三、培养和提升高校辅导员法治素养的建议

(一)持续健全和完善大学生日常事务管理相关的法律和制度规范

邓小平曾指出："制度带有根本性、全局性、稳定性和长期性。制度好可以使坏人无法任意横行，制度不好可以使好人无法充分做好事，甚至会走向反面。"法治化建设必须要制度先行，高校只有通过梳理工作流程，将教育管理相关环节和内容规范化、制度化，增加程序性规定，逐步完善制度层面的顶层设计，确保学生事务管理有据可依，有章可循，才能更好地指导辅导员科学有效地开展学生管理和服务工作。

具体来说，学校需要了解和掌握国家最新的法律法规，及时对现有相关制度进行对照修订，对于不符合学校发展的落后的规章制度及时废止，比如今年武汉大学的第十三次校长办公会议就决定废止了92项规章制度和规范性文件。另一方面，高校还应结合自身的特点和发展重点，结合当代学生特点及学校的育人实践，广泛征集师生意见，建立起符合实际、有所侧重的新的规章制度，形成自由平等公正法治的育人环境，同时做好宣传工作，让全校师生知晓。比如近几日针对武汉大学校内电动车事故频发的现象，保卫部根

据公安部《关于规范电动车停放充电加强火灾防范的通告》，结合校园实际存在的隐患情况下发了《关于加强电动车安全管理的通知》，并利用微信公众号等融媒体平台积极开展宣传，进一步规范了电动车校内停放、充电和骑行秩序，也为辅导员开展骑行安全教育提供了政策依据和制度支持。

(二)加大法治素养考核占辅导员的选聘以及考察的比重，加强对辅导员法治素养培养的教育培训，为辅导员开展法治教育提供平台支持

一方面，把法律知识、法治原则、法治思想和法治精神等内容纳入辅导员选聘的考察范围，有助于深化应聘人员对提升法治素养重要性的认识，从而引导有志从事学生工作的人员认真学习法治相关知识和理念。《高等学校辅导员职业能力标准(暂行)》的文件指出法律法规知识是辅导员职业知识储备中的重要内容，本文的第二部分也列出了辅导员应该了解和掌握的法律知识，辅导员虽不是法律工作者，但也应该熟悉上述法律条文的基本内容和精神，具备一定的法治思维和法治素养。

另一方面，辅导员法治素养的提升不会一蹴而就，而是一个长期的过程，《法治社会建设实施纲要(2020—2025年)》明确提出要加强对教师的法治教育培训，配齐配强法治课教师、法治辅导员队伍。高校要为辅导员法治素养提升提供机会和搭建平台，加强"普法教育"，在辅导员入职培训和日常培训的内容中需要加入法治教育内容，抛弃形式化，注重实质内容，开展高校教师法治教育的专项培训，比如邀请法学专家、法务工作者开展法治讲座，组织辅导员参加案例讨论和学习沙龙，观摩法庭审判和劳动仲裁，召集专业人员编写简单易懂的案例分析、法律问题处理工作手册，形成解决学生工作问题的合法程序与合理方案，比如，今年4月，教育部公开曝光了八起违反教师职业行为十项准则典型案例，通过真实的案例进一步强化了高校教师的底线意识和规则意识。此外，还可以鼓励优秀中青年辅导员报考教育法学、法制教育等专业方向的研究生，通过培养一批具有较高法治素养的辅导员骨干队伍，积极带动和影响整个辅导员队伍自觉学法、自觉守法、自觉用法。

（三）辅导员要通过自学进修、提升学历、投身实践等多种途径主动提升法治素养

开展社会主义核心价值观教育是大学生思想政治教育的重要内容，更是辅导员工作的应尽之责，而法治正是社会主义核心价值观社会层面的重要内容之一，为此，辅导员自身必须具备良好的法治素养，知法懂法，增强对法治的认同感，注重培养自身的规则意识、平等意识、权利意识和程序意识，形成规范的行政行为，提升规则之治的能力，做到把法治教育融入学生日常工作，贯穿于班级文化建设，学会用法律的权威来增强大学生培育和践行社会主义核心价值观的自觉性，才能将法治思想和法治精神深植学生心中，切实提高大学生法治教育的效果。

随着依法治校的全面推进，各地高校开始建立法治化的工作考核标准，对辅导员的工作职责和范围提出新的要求，正不断鞭策辅导员增强法治意识，训练法治思维，提高法治能力，提升法治素养。但是，无论是制度规范的完善还是考核、培训体系的建立，都是提升辅导员法治素养的外在推动力，要想实现辅导员队伍法治素养的真正提升还是需要辅导员自身形成对职业的认同和价值追求，如今，辅导员的职业发展路径逐渐清晰且前景广阔，法治素养作为辅导员必备的职业素养之一还没有引起足够的重视，辅导员亟须从思想觉悟上提高站位，充分认识法治素养提升的紧迫性，形成对工作的长久规划和思考。

参考文献

［1］杨振华．高校辅导员队伍法治素养的现状与提升策略［J］．高校辅导员学刊，2020（1）．

［2］吴涛，马嬿．高校辅导员法治素养提升：价值意蕴、助推因素与实施路径［J］．内蒙古师范大学学报（教育科学版），2018（6）．

［3］杨忠明，何曾艳．大学生法治素养提升的路径与方法研究［J］．学校党建与思想教育》2017 年第 6 期。

［4］杨琼．依法治校背景下大学生日常事务管理法治化问题探究——以辅导员角度为切入点［J］．法制博览，2018，10（29）．

［5］单成巍．新时代高校辅导员法治素养的构成与提升路径［J］．教育探索，2021（2）．

［6］米银俊，曹春艳．法治化背景下高校学生管理工作管理规范探讨［J］．学校党建与思想教育，2014（16）．

［7］吴涛，马嬿．高校辅导员法治素养提升：价值意蕴、助推因素与实施路径［J］．内蒙古师范大学学报（教育科学版），2018（6）．

［8］参见 http：//www.moe.gov.cn/jyb_xwfb/gzdt_gzdt/s5987/202104/t20210419_526987.html.

［9］唐圣华，田力，周海全．高校辅导员增强大学生法制教育的有效举措［J］．高校辅导员学刊，2015（2）．

规则意识在高校学生评奖评优中的实践与思考

陈盼盼

(武汉大学法学院)

摘 要：思想政治教育工作是高等教育工作重要组成部分，评奖评优是对学生全面、针对性评估的一个重要途径和方式。实践中存在规则制定程序不完善、规则内容不全面、规则解释不清晰等问题，造成上述问题的原因主要是价值观念导向性偏差、品德评价难以精确量化、高校法治规则不完善等。作为高校学生管理工作的重要内容，评奖评优工作具有调动学生积极性、激励和引导全体学生共同进步的重要作用。文章通过分析高校评奖评优工作中规则制定、规则内容、规则解释等方面存在的问题并分析其产生的原因，进而提出了完善高校评奖评优规则设计的有效对策，旨在促进高校学生评奖评优工作的公正性，以及进一步发挥评奖评优工作的正向激励作用。

关键词：规则意识；高校；评奖

引 言

高校评奖评优工作是"三全育人"常规工作之一，评选的过程及结果是否公平公正直接影响到学生学习的积极性、生活的热情，甚至心理健康。更为严重的是，评奖评优作为一种激励导向手段，如果规则制定程序不公正、规则实施过程不公平、权益受侵后的救济不通畅等极易对学生造成误导。尽管当下，高校评奖评优制度已经形成较为完整的体系，但在评奖评优的规则设定与指标分配、评选机制、权利救济渠道以及追踪及后续教育等过程中，参与人的规则意识仍存在一些较为突出的问题，导致诸多不公平现象的发生。在落实评奖评优制度的过程中出现了不公平、不民主的问题，导致评奖评优的结果无法让学生信服认同，从而挫伤学生的学习积极性，让学生对评奖评优制度乃至整个学生工作的实施失去信心，这极其不利于教育公平的实现和高校人才培养活动的可持续发展。

一、评奖评优中规则意识存在的问题

"育人为本、德育为先"是高校教育、人才培养的宗旨和原则，高校的评奖评优工作在促进大学生全面发展、科学发展中扮演着重要的指引角色。科学化、规范化、系统化且具有高校自身人才培养理念特色的评奖评优工作体系是高校人才培养工作以及思想政治教育工作的重要任务。但在具体实践过程中，评奖评优工作规则意识的欠缺，在规则制定、实施、解释以及救济等方面出现了"规则制定不透明""适用对象不明确""规则解释主观化"以及"救济渠道形式化"等问题，极大的削减了评奖评优对于学生的正向激励和引导作用。

（一）规则制定层面

规则制定缺乏公信力，导致评奖评优形式大于实质。评奖评优主要依据评奖细则及相关规定。而在具体实施过程中，很多高校及具体培养院系往往依据"陈年旧历"，而对于国家政策新的育人导向则采取延后处理，没有贯穿到具体激励机制中。同时，评奖评优条例和细则的制定和变更，也大多基于相关负责老师的"一言堂"或"临时灵感"，并没有考虑到不同专业、学科的特殊性。

规则制定缺乏相应的程序，民主化难以落实。"科学化、民主化、规范化的行政决策机制和制度"是基本实现建设法治政府的目标之一，"程序正当"

是依法行政的基本要求。同样的，高校在评奖评优规则制定层面程序正当是建设"法治校园"的基础和保障。在评奖评优规则制定程序的规范化方面，学生、辅导员、行政人员等利益相关方的参与程度不够，涉及学生切身利益的规则条文制定，虽然采取了听证会、座谈会或是向学生群体发布规则草案等方式听取意见，但由于各种征集会议群体的特定性以及草案发布途径的单一性，从而导致事实上的民主化难以落实。

（二）规则解释层面

规则解释主观性浓厚，忽视了规则制定的原始导向。在评奖评优的过程中，对于条例及细则的把握占据了重要的位置，学生是否能最终获得奖励及荣誉取决于自身最终得分的计算，每一个奖项及荣誉如何对应评审标准进而匹配对应分值，这是评奖评优中的重要环节。有的规则和条例在制定过程中过于宏观，则在具体的解释过程中存在很大的自由裁量空间，那么如何操作就成了整个环节中非常重要的一部分。而负责老师的解释就成了"权威"或是"标答"，主观色彩浓厚，公平性难以实现。

规则制定者与规则解释者重叠，规则解释行政化色彩浓厚。规章制度的的解释应当遵循"谁制定、谁解释"的原则，即由制定主体——高校负责解释。有关职能部门虽然负责起草了工作，但并不是该规章制度的解释主体，不享有解释权。而实际运作中却是由起草部门负责解释，这是不规范的。这就导致了规则制定部门的"监守自盗"以及部门领导人意志占支配地位。

（三）规则实施层面

规则实施保障机制欠缺，缺乏信度高的保障措施。作为学校，对学生学习及各项能力评价以分数量化形式考评，势必带来一定的人为因素及不确定性。由于对学生全面测评面临技术方法上的困难，高校学生评优评奖中至今尚未有信度高、效果好的保障措施。从而现实中出现规则出台了，学生不知道如何运用这些规则的现象。如以研究生学业奖学金评审为例，教育部在《研究生学业奖学金实施细则》第一条中明确了该项奖学金的主要目的"勇于激励研究生勤奋学习、潜心科研、勇于创新、积极进取，在全面实行研究生教育收费制度的情况下更好的支持研究生顺利完成学业"，具体到高校以及培养单位在评审时，大多将上述指标细化成具体的加分项。虽然给出了一定的指导性说明，但加分过程中仍旧"五花八门"，大多都是怎么高怎么来，随意运用规则。

(四)权利救济层面

学生救济渠道不明，权益无法切实得到保障。高校学生整体评价或学生个人专项能力评价，本意是在评选优秀基础上诊断和调控学生行为，促进其全面综合且健康发展。学生申请提交后，经过一系列评奖评优过程，获评则是理想状态，未获评学生就会产生疑问。如若要对落选寻求解释或是救济，则往往不知通过何种途径。大多情况下学生的救济渠道只能通过公示文件中提供的某一具体老师的联系方式或邮箱进行反馈，首先，这个接受反馈的老师是否有权处理这些异议？是否熟悉了解规则？如果有，则具体回复是否代表了官方或最终的回复？如果没有，哪些人或组织可以处理？这些问题都是不清楚的。由此引发的行为过激—越级上访或投诉，一方面违背了评奖评优的初衷，另一方面也加重了该项工作的负担。

二、原 因 分 析

(一)价值观念

价值观念取向不同。市场经济的利益原则、等价交换原则和竞争机制渗透在社会生活的各个领域，深刻影响着人们的生产、生活和思维方式。个人的价值观念更多地被"注重实用、追求功利、关注自我"的工具性取向占据上风，这直接影响了高校的评价体系，也影响了学生的价值取向，认为可以"暗箱操作"，人为因素占主导，自己实力不重要等等，从而对规则缺乏信任。

（二）规则评价

规则评价难以精确量化。规则意识的贯彻落实，一方面是对于评奖评优工作参与老师在整个过程中的要求，同时也是对申请者—学生的要求，从而产生一种评价状态规则的出台是经过充分、有效、全面的讨论，规则本身已兼具各项评价因素，是公正客观的；规则是充分维护学生利益的，在受损的情况下，是可以有效寻求救济的。但是在具体过程中，更多是对于老师行为的约束。这种特殊性，决定了该项工作的革新和推动是存在极大阻碍的。

（三）法治意识不足

法治是规则之治，法治意识是法治社会建设的基础，而规则意识则是法治意识的核心。规则意识和法治意识的意涵保持一致，只不过法治意识所涉及的是法律条文，这里的规则意识指涉的是学校里面的相关规定。高校法治意识不足弱化了高校学生评奖评优中的规则要求维度。高等教育肩负着培养社会主义建设者和接班人的历史使命，必须始终坚持立德树人为核心，以人为本，依法治校，努力作到全员、全程、全方位育人。高校思想政治教育及管理工作，是"三全"育人的重要阵地，如何提升法治观念、服务意识，切实维护学生权益，并通过不断的探索实践，形成维护学生权益的体制和机制，显得极为重要。

三、完善高校评奖评优中规则意识的途径

（一）规则制定

完善的规则是评审工作得以顺利开展的基础，充分体现奖项荣誉设置的初衷，积极引导学生如何充分利用在校学习的时间和资源成长成才，成为德智体美劳全面发展的社会主义建设者和接班人，成为担当民族复兴大任的时代新人。同时也是学生基于规则展示自己努力取得的成绩，从而朝着所激励

和引导的方向努力。因此首先要保证规则制订前，广泛征求意见和建议，包括整个评奖评优体系的所有参与者、规则制定后的使用者以及最大利益相关者。包括但不限于专业教师、教辅人员、辅导员等评审工作的参与者，相关职能部门该项工作的负责人以及学生。可以采取书面征求意见以及召开座谈会、论证会和听证会等多种形式。其中，对于涉及学生切身利益事项，起草部门还请党组织召开特定群里的听证会；其次，重点针对往年特别是年评审工作中出现的不完善之处，做出修订完善参考建议，提请规则制定部门讨论。对于通过事先收集的意见和建议中当年有可能出现的新情况，也一并提请讨论，细化规则；最后就是规则制定的程序性要求。高校的规章制度一般都是由有关职能部门负责起草，法制工作部门负责审查，经校长（院长）办公会议审议同坐后，公布实施。因此，规范规章的制定程序涉及起草、审查、审议、决定与公布等环节。具体到院系工作，同样需要遵循上述程序性要求。

（二）规则运用

规则的运用实施是保证整体工作顺利进行的核心环节，贯穿于评奖评优的全过程。工作要点主要有三个：（1）严守评审细则。以研究生国家奖学金评审为例，实施过程中明确材料收集、公示时间、答辩等环节的时间，逾期不予"受理"。对于科研成果以及获奖荣誉的认定严格遵照当年负责评审工作的委员会委员制定的细则为准，即便评审工作中出现了新的问题，新的事项可以放在下一年度评审细则制定讨论中，当年的仍以既定规则为准。（2）特例特办，"法"外人情。评审过程中出现的特殊情况，根据特殊情况的不同因素提交具体评审委员会。在既定规则之上，予以一定程度的照顾。如学生在评优评奖过程中提交的科研成果不在现有规则范围之内，则可以将该同学的情况单列，在评审过程中就其科研成果结合现有认定标准加以认定。一方面照顾该同学的特殊情况，另一方面在程序上保留该同学现场或书面自我陈述的权利。（3）充分发挥评审委员会的职能。在评奖评优过程中，普遍的做法是设置一个"某某荣誉的评审委员会"。要充分发挥该委员会职能，如负责评审前评审细则的修订、评审过程中特殊情况的处理、评审结束后异议事项的处理。

(三)权利救济

切实尊重及保障学生的合法权益,维护学生学习、学术科研的积极性,在最终结果公示期间,设置畅通的申诉渠道,处理学生的申诉,及时了解学生的诉求,做好沟通解释工作,引导学生通过有效途径解决诉求。现实中最为普遍的是公示期异议机制,在公示期结束后,统一受理申诉,书面予以回复。但是该机制作用有限,比如后续处理状态不明确。对此可就异议处理流程、第三方监督纳入进来,切实把这个机制用好、用善、用尽。以异议的处理、权力的救济和利益的维护及保障就评奖评优工作做好价值引领。

参考文献

[1]侯曦煜等.应用评奖评优工作开展大学生思政教育的路径探析[J].才智,2021(5).

[2]林莉莉.关于大学生评奖评优公平性问题的研究[J].现代职业教育,2020(45).

[3]乔文祯.浅析高校学生评奖评优工作方法探究[J].佳木斯职业学院学报,2016,12(169).

[4]王闯.高校学生评优评奖与育人工作的实践与思考[J].宁广播电视大学莘报,2018,4(149).

[5]胡甜,刘鑫丹,孙璐.高校评奖评优制度执行中的问题与对策探索——以"江苏✕大学"为例[J].产业与科技论坛,2016,16(9).

[6]孙璐,陆道坤.高校评奖评优制度的反思[J].教育现代化,2016(19).

[7]杨练武.高校评奖评优的问题与对策[J].大学教育,2018(2).

[8]杨文欢.高校教育管理环境下完善大学生评奖评优工作的思考[J].教育时空,2015.

法治视角下的高校学生教学管理工作

吕　晶

（武汉大学弘毅学堂）

摘　要：依法治校是依法治国方略在高校管理中的具体体现，不仅是建立现代大学制度的必然要求，也是完善大学现代化治理体系的重要环节。教学管理工作，作为人才培养体系中的重要环节，在法治建设过程中，受各种因素的影响，从理念到程序仍存在诸多不足。这就需要以完善内部治理结构为核心，不断提高管理者的法治意识，推进管理工作的法治化建设。

关键词：教学管理；法治；路径

引　言

党的十九大报告强调要"社会主义法治文化，树立宪法法律至上、法律面前人人平等的法治理念"，十九届四中全会中提出，要坚持和健全中国特色社会主义制度，积极推动我国社会治理体系和治理能力现代化。对高等教育而言，作为人才培养改革的践行者、科学研究的领先者、服务社会的倡导者和文化传播的领导者，随着高等学校制度改革的不断深入，高等教育办学自主权也在进一步加快推进，这就更加显现出对于治理制度化、法治化的迫切需求，依法治校也成为高校现代化管理的内在要求和重要标志。

一、高校法治建设的重要性

《国家中长期教育改革和发展规划纲要(2010—2020 年)》明确提出,要大力推动依法治校,学校必须要建设健全合乎法律规定的学校规章制度和教育法律法规,认真落实教育教学和管理工作职能,确保学生的受教育权,对学生实施的奖励与处分都要遵循公平、公正原则,完善监督制度和监督问责机制。应该说,这个规划对于高校人才培养过程中的管理理念和管理程序等方面,提出了更高的要求和严峻的挑战,需要高校树立法治化学生管理理念。

对于高校而言,在高等教育现代化快速发展的形势下,高等教育体制改革不断朝纵深发展,办学自主权也在逐步扩大,构建科学合理的大学内部治理结构需求迫在眉睫,这就必须要坚持依法治校。但由于长期官本位思想的存在,传统的高校行政管理体系存在着一定轻法治的文化现象,不利于管理的规范和效率的提升。法治,作为管理的理性模式,是要通过建立完善的管理制度体系,用法律制度的规范性和严谨性来约束管理过程的无序和随意。这不仅是构建现代大学制度的重要着力点,更是强有力保障高等教育质量的根本要求。

学生管理工作的法治化在高校现代化管理工作体系中,是高校依法治校的重要组成部分,而其中的教学管理工作,作为人才培养体系中的重要环节,涉及学生的学籍管理、实施奖惩及授予学位等,越来越受到高校的高度关注。2012 年 11 月,教育部印发了《全面推进依法治校实施纲要》。《纲要》强调要不断加强学校法制教育的形式和内容,进一步促进和丰富学生法制教育的基本理论知识与实际研究能力,使学生不仅可以通过课堂教学,还可以通过多样化的主题法制教育活动、社会实践等形式,深入了解法律常识,树立自身法治理念。高校作为培养德智体美全面发展高素质人才的重要基地,按照国家有关法律、法规和高等学校各类制度的规范,依法建立内部各项规章制度,对教学管理各项环节中的具体事务进行有序管理,不仅是改进教学管理工作的必然趋势,对于提升高校管理综合水平,推动教育事业发展更有着深刻而长远意义。

二、学生教学管理工作中的法治缺失

培养什么人、怎么培养人，是高等学校办学的根本问题。而教学管理是高校管理工作的最基础组成部分，直接影响到高校人才培养的成效。教育法还规定，高等学校可根据章程自主管理，对受教育者实行学籍管理制度，并进行嘉奖和处分、颁发相应的学业证书。由此看出，高等学校是法律授权的行政主体，依法享有行政管理权力，高校与学生之间的关系既是教育与被教育的关系，也是管理与被管理的关系。随着我国依法治国进程的深入推进，依法治校、依法行政理念也逐渐深入人心，但是，法制建设不是凭空产生的，凌驾于管理之上，必须要有载体。依法治校也不是一蹴而就的，轻轻松松就能实现，受各种因素的影响，教学管理工作的法治化在意识、系统、程序都还存在着一些不足。

(一)规章制度不够系统

法治的目标是要运用法规和相关规章制度合理地制约社会主客体。自确立建设社会主义法治国家的整体目标以来，我国已经初步形成了一套相对完整的教育体系，并颁布了一系列法律法规，为"有法可依"奠定了基本的法律制度保障。

健全完备的法律和规章制度是实施高校学生教学管理法治化的基本保障，1980 年，我国颁布了第一部由全国人民代表大会常务委员会通过的教育法律——《中华人民共和国学位条例》，意味着我国的高等教育开始迈入法治阶段。随着 1995 年《中华人共和国教育法》的出台，以及之后的《义务高等教育法》《普通高等教育学历证书管理暂行规定》《国家教育考试违规处理办法》等一系列高等教育法律法规的出台，我国高校的教育管理工作在逐渐纳入到法治的范畴。

但是，也应该看到，尽管已初步制定一套相对完整的教育制度规范化指导意见，但在制定主体、过程监督、申诉渠道等方面等还不够完善，在法律制度上尚未形成完备统一的有机整体，仍处于由专门制度向统一体系的过渡之中，甚至个别规定还存在散见于不同规章、约束范围和力度尺度不一，导致在具体工作过程会出现执行不统一的情况。制度体系建设上，需要逐步解决从无到有、从有到好的问题，由"有用"到"好用"。

(二) 执行程序不够规范

法治化教育是刚性的，注重权威性。学生教学管理程序的规范性是高校开展学生管理法治化的关键所在，只有维护程序的规范性才能真正做到法治与保障的双重赋能。

高校学生的教学工作管理需要严格遵守各项法律法规和规章制度，这就需要一方面要利用法治手段维护高校正常的教学管理秩序，另一方面要通过法治保障维护学生的合法权益。尽管目前出台的法规已经包括了学生管理工作的方方面面，但仍然存在程序不规范的现象。比如 2017 年版的《普通高等学校学生管理规定》中有关学生申诉部分，就规定了学校应建立学生申诉处理委员会，并规定：经复查，学生申诉处理委员会认为在作出处理决定和处分的事实、根据、处理程序等方面存在不当时，可提出建议撤回或者改变的复查建议，并要求学校有关职能管理部门进行调研，重新提交校长办公会或者专门会议作出决策。如此来看，作为学生的维权部门，即使学校在处理或者处罚过程中有不当之处，但学生申诉处理委员会却只有建议权，而没有被赋予可以直接处理的权力，这样申诉处理委员会的执行力和公信力就会大大被减弱。

出现类似情况的原因，主要在于制度体系的不完善，特别是救济机制方面的缺失，这样将会影响到法制保障作用的发挥，主体权益无法确保。从另一个方面来说，还需要在管理实践中积极地进行探索，将行之有效的经验及时上升为制度，这一过程正是法治思维逐步树立并且不断牢固深化的过程。

(三) 法治理念不够深入

教育教学活动是高等学校的基础形态，依据国家高等教育法令和高等学校的有关规定，对学生进行日常的教育教学与管理等工作。由于管理与被管理的关系，高校管理者作为法制化制度的制定者和执行者，掌握着绝对的优势。

教学管理从主体来看是高校的行政部门在对学生进行教育管理的过程中，强调的是外在规范性，着力点是行政权力，具有强制性，当前的实践中存在着这样的矛盾：如果过于强调强制性，就会对客体造成侵害，未能真正做到以学生为主体；而如果过于强调以学生为主体，满足学生需求和要求，有的时候又会影响到整体秩序和规范性。这是在管理现代化过程中所产生的矛盾，需要实事求是地分析并且加以解决，区分清楚哪些是应该受约束的行为，哪些是应该受保障的权力。而贯穿其中的，则是法治意识和法制思维。在这方面，最具有危害性的，也正应该警惕的是，管理者自身法治观念的淡薄、法律知识的贫乏，难免会在具体政策操作层面上存在着一定的主观性和随意性，忽视了法治以人治的方式开展教学管理。

(四)法治教育不够完善

高校肩负着引导青年价值取向的使命，要想切实保障大学生的合法权益，坚持以学生为本的管理理念，就必须依法治校、依法管理，其基本前提是学生要知法懂法、树立正确的法制观念。

高校是对大学生进行法制教育的主阵地，肩负着培养大学生良好的法制观和法制意识的责任。目前有些高校在法治教学的理念方法、课程设置上还比较理论、生硬、碎片，未做到普及化，且部分高校法律基础课还是由思想政治课教师兼任，因此学生并未接受到系统的法制教育，缺乏基本的法律法规常识。学生作为被管理者，往往成为行政权力的承受者，受到不规范管理之后，不能借助法律的途径争取自己的合法权益，这就直接削弱了法制权威性的树立，也就谈不上自觉守法和维护法律的内在性。

在个别实例中，由于未能进行良好的沟通和交流，未能及时进行法治教育工作，甚至将会对学生的法制意识产生负面作用，从而极大地影响人才培养的质量。在这方面绝不能掉以轻心，高校内不同岗位的教育工作者都有责任，共同做好法治教育工作，特别是要利用好一些具体事务，耐心周到地与学生进行交流，使学生能在涉及自身的教学管理问题上能实际地感受到公平原则，体会到规范处理。

三、教学管理工作中法治建设的实施路径

(一)以健全教学的法规体系作为基础

"发展教育，立法先行"，高校学生教学管理要想法治化，最终要靠具体法律法规的落实才能实现。当前，我国已出台了一些教育方面的法律，但教学法律体系还需要进一步的改进和完善。随着高校办学自主权的进一步扩大，不管是管理者还是被管理者，受各种社会现象和思潮影响，高校法治建设工作呈现出更加复杂化趋势，有着"牵一发而动全身"的特点。高校教育教学法规体系在人才培养过程中发挥着重要作用，内部的各项管理制度建立更应科学、合法、合理，避免以批示、纪要等行政方式解决大学生管理工作中出现的各种难题。对于一些"无法可依、无法可循"的空白领域，要加快相关法规的立法步伐，认真落实大学生申诉等权利的保障制度，防止损害学生利益的不良行为出现。要认真梳理现有的各类教育管理制度规范，构建以行政法规为准则、以教育部规章为细则的规章制度体系，以保证教学管理工作有据可依、依法办事。

(二)以法律法规的监督机制作为保障

在推进法制建设、依法治校的过程中，高校要做到民主、公开，积极探索建立相应的惩戒及监督机制，各级教育主管部门应开展对高校落实的监督检查，明确责任倒查追究机制。高校也应建立与完善重大行政决策集体讨论制、责任追究及倒查制度，畅通反馈渠道，充分发挥对于学校各项决议的组织和成员的监督作用，避免单一行政化管理视角。应创造条件，提高广大师生参与大学各项事务管理工作的积极性，厚植法治建设根基，增强决策的执行力和公信力。

(三)以营造良好的法治文化作为导引

这里说的文化是指广义上的，也就是人类创造的所有物质产品和精神产品的总和，为人类创造、为人类特有的一种社会现象。法治是制度精神和文化的有机整体，具体到法治文化，既有包含制度体制、规则规范等的制度文明成果，也包含法治原则、法治思想等的精神文明成果。唯有被公众认可和接受的法律，才会有其发自内心的自觉遵守和坚决维护，因此不管是"虚"还是"实"，法治文化建设的关键就是要努力将法治观念、法治信仰体现在社会实践活动中，引导全体成为坚定的信仰者、自觉的遵守者。深入推进教学管理工作的法治建设，离不开校园内良好的法制氛围，这就需要人人知法、懂法、守法，以良好的法律意识、法制观念指导高校的教育教学管理工作。

"法者，治之端也。"对于高校工作人员，要加强法制教育培训，培养管理者运用法治精神的法治思维，增强其法治能力；对于学生，高校要加强法律教学课堂的学习，与时俱进不断完善法制法规教材编写工作，将法治教育纳入课程体系。除了法治主客体，法治文化的建设还有赖于有效的传播空间，高校应充分利用校园独特的文化育人空间，在校园中定期开展普法活动，积极营造校园法治育人环境，培育管理者依法治校的力量，增强学生法治观念。

结　　语

树立依法治校的理念是实现高校大学生管理工作法治化的前提，建立完善的规章制度是推动高校大学生教学管理工作法治基础，良好规范的操作执行是形成法治文化的重要途径。进入新时代，面临新的机遇和挑战，必须要提高学校现代化管理水平，深入推进学校的法治化进程，使法制建设推动办学质量和效率不断提升，学校的改革发展促进法制建设不断深化。

参考文献

[1]中华人民共和国教育部：《国家中长期教育改革和发展规划纲要》，载

http：//www. moe. gov. cn/srcsite/A01/s7048/201007/t20100729 _ 171904. html，
2010 年 7 月 29 日.

[2]王学春，张鑫：《高校依法治校理论研究》，《国家教育行政学院学报》
2010 年第 5 期.

[3]中华人民共和国中央人民政府：《中华人民共和国教育法》，载 http：//
www. gov. cn/banshi/2005-05/25/content_918. htm，2005 年 5 月 25 日.

[4]中华人民共和国中央人民政府：《中华人民共和国教育部令第 41 号：普通高
等学校学生管理规定》，载 http：//www. gov. cn/gongbao/content/2017/content_
5220900. htm，2017 年第 24 期.

[5]搜狐：《树立宪法法律至上、法律面前人人平等的法治理念》，载 https：//
www. sohu. com/a/436314277_119038，2020 年 12 月 4 日.

我国高校学生管理法治化的思考

李 烽

(武汉大学新闻与传播学院)

摘 要: 高校的使命是培养具有创新精神和实践能力的德智体美劳全面发展的人才,高校的办学理念、学风校风、管理方式等都会对学生产生潜移默化的影响。学生管理法治建设作为依法治校的一项基础性工作,迫切需要从树立依法管理的理念入手,积极开展高校学生管理立法体系建设,维护和保障大学生的合法权利,进一步完善学生违纪处分的程序,使高校学生管理有法可依,消除过去学生管理行政化过多的人治行为和随意化倾向,为大学生的健康成长成才营造良好的环境和氛围。

关键词: 高校;学生管理;法治化

1999年高校扩招后,我国的高等教育实现了跨越式发展。与此同时,由于社会转型所带来的负面影响对大学校园的冲击,高校内部管理制度改革如实施后勤社会化、学分制等,使高校学生管理也面临前所未有的挑战与压力。为切实贯彻科教兴国、人才强国的战略,确保高校稳定有序,高校必须适应整个社会的法治化进程,大力实施依法治校,学生管理的法治建设是题中的应有之意,也是依法治校的一项基础性工作,当前迫切需要从树立依法管理的理念入手,积极开展高校学生管理立法体系建设,维护和保障学生的合法权利,进一步完善学生违纪处分的程序,这些举措必将有力地推动高校学生管理的法治建设。

一、树立依法管理的高校学生管理新理念

观念是行为的向导，有什么样的观念就有什么样的行为方式。"依法治国"重大战略决策具体落实到高等教育领域和高校工作中，就是要依法治教、依法治校。法治不仅是一种治国方略和社会秩序，从精神层面上讲，它还是一种观念、一种意识，一种视法为社会最高权威的理念和文化。只有当这种观念与意识成为一种普遍的社会信仰，并支配着社会主体的行为时，法治才能实现。

(一)依法管理要从以人为本出发

一是把学生放在教育的主体地位。现代教育的基本价值是一切以学生为本，具体到高校学生管理来说，应真正明确学生的主体地位，努力搭建与学生平等交流的平台，尊重学生的个性发展，鼓励学生探索创新，维护学生合法权益，使学生管理工作变被动为主动，增强针对性和实效性。二是强化为学生服务的意识。大学生正处于刚刚成年的年龄，他们敏感热情，急于盼望得到社会的认可，高校学生管理工作应充分尊重大学生的这一个性特征，落实到实际工作中就是要强化服务意识，将教育、管理、服务相结合。高校管理者必须要树立主动为学生服务的意识，急学生所急，想学生所想，做学生所盼，把解决学生的实际问题和解决学生的思想问题相结合，在服务中体现育人。三是引导学生自我管理。信息时代的大学生自学能力强、接受信息的来源渠道丰富，思想活跃，互相之间交流沟通密切。高校学生管理要充分认识大学生的这个特点，有意识地创造条件，调动大学生自我管理、自我教育的主动性。在学校管理的各个方面如校园秩序、学风建设、社团活动、学生公寓管理等，都应当有学生的参与。这样的管理有利于锻炼学生能力，才会激发学生的责任感和使命感，从而自觉将学校规章制度的要求内化为自己的行为准则，从而达到自我教育、自我管理、自我约束、自我发展的效果。

(二)消除两种错误的认识

大学生来自千千万万个家庭,他们身上寄托了社会的厚望和无数家庭的期盼,因此对于大学生的管理尤其是对于违纪违法大学生的处理一直是一个引起社会广为关注的敏感话题。有的意见认为,法律面前应人人平等,大学生群体不应享有特殊政策,如违法犯罪应按法律规定处理;有的则认为国家培养一个大学生不容易,应给大学生改过的机会。从家长来说,孩子就是整个人家庭的希望,父母辛劳一生唯一所愿就是孩子成才,因此强烈要求学校从宽处理。从学校来讲既要保证管理有序同时又要从社会稳定、学生发展的角度考虑对学生的处分,如何取得之间的平衡确实需要斟酌。高校的领导干部和工作人员应加强相关法律法规的学习,认真研究大学生的基本权利,知法、守法,切实做到依法管理,在认识上要走出两个误区。一是认为依法管理就是以"法"来管理学生。这种认识将法律作为工具,必将导致用"罚"来管理学生,不符合教育规律,与依法治校的目的相悖离。二是认为依法管理就是严格管理,而以人为本则是放松管理。这种看法是片面的。严格管理学生不能偏离法律的轨道,否则会产生不良的社会负面影响。而以人为本也不是淡化或放松管理,而是在管理的方式方法上更贴近学生、贴近实际、贴近生活,目的还是管理育人。

二、积极开展高校学生管理立法体系建设

实现高校学生依法管理的前提条件就是有法可依,目前高等教育快速发展、在校生规模大、招生种类多元化增加学生管理难度的现状使得建立和完善高校学生管理立法体系的工作变得更为紧迫。

(一)进一步完善学生管理的立法体系

学生管理立法涉及的内容很多,需要建立一套完整的体系,这个体系应当包括宪法的有关规定、基本法律、单行法律、行政法规、地方性法规以及

教育规章等六个层级。我国的教育立法体系虽然已经初步形成，但是仍然不够完备。首先，相关的教育主体法律仅有《教师法》和《未成年人保护法》，其他主体的权利和义务则都掺杂在相关的法律中，如《教育法》《高等教育法》等，尚未有以学生为主体的专门法律。其次，对制定时间久远、不适应新形式的法律法规要加紧修订。如《学位条例》制定于1980年，2004年8月对其进行了修订，而到今天，我国的政治、经济、社会情况已发生了翻天覆地的变化，高等教育领域中发生的学生与学校的诉讼有相当一部分涉及学位、学历证书，因此应尽快把修订《学位条例》列入议事日程。第三，根据法律、法规、规章的规定，制定相应的办法、条例、实施细则等。如针对学生的申辩权、申诉权应尽快制定更为具体、具有可操作性的听证、申诉办法或条例，以切实保障学生的权利。

（二）讲究立法技术，提高立法质量

学生管理的立法迫切需要随着形势的发展不断完善，坚持开展立、改、废的工作，讲究立法技术，提高立法质量。首先，要注意名称正确。根据不同的制定层级冠以相应的名称。《学位条例》能够典型地说明这个问题。《学位条例》于1980年2月12日由第五届全国人民代表大会常务委员会第十三次会议审议通过，并于1981年1月1日起施行。这是我国制定的第一部教育法律，但在名称上却使用了"条例"，不符合立法规定。其次，在立法过程中，要改变"重实体、轻程序"的倾向，增加程序性条款，增强可操作性，程序公正从而保障实体公正。再次，立法语言必须明确、具体、规范，使用"法"言"法"语，避免使用道德评价性语言或含糊不清、模棱两可的文字。最后，学生管理的相关规章制度间应相互配套，避免条文内容互相矛盾、程序规定不一或冲突等现象的发生。

（三）规范高校内部学生管理规章制度建设

高校学生管理的规章制度对于建立和维护学校的正常秩序、提高学校管理效率、完成学校的各项教育教学任务具有十分重要的意义。高校学生管理制度不规范甚至违法是引起学生与高校讼案的直接原因。就目前来看，当前高校应根据教育部新发布的《普通高等学校学生管理规定》尽快制定、修订符合本校实际的学生管理规定。一是规章制度的内容要合法。学校规章制度的制定要严格遵循法律优先原则，不能与法律相抵触，不能侵犯学生的合法权益。特别是作出有关涉及改变学生身份的规定，一定要十分慎重。二是制定学校规章制度必须按照一定的程序进行。尤其是与学生切身利益相关的规章制度，应当有一个征求意见的过程，鼓励、发动学生参与讨论和制定，使学生意见和建议能通过正当途径表达。三是进行广泛深入地宣传。要通过发放材料、学校网站、专题讲座等各种途径告知学生，切实提高规章制度透明度。

三、维护和保障大学生的合法权利

考察我国高校学生管理制度的演变过程，可以明显感受到学生合法权利的保护逐渐成为学生管理制度的一项重要内容。1995 年 9 月 1 日施行的《教育法》明确规定了受教育者的权利和义务，1999 年 1 月 1 日施行的《高等教育法》明确了"高等学校学生的合法权益，受法律保护"，并规定了学生相应的义务。在新的《普通高等学校学生管理规定》中专门设置"学生的权利与义务"一章，对高校学生的权利与义务作了明确的表述。

(一)维护学生合法权利

作为学生不仅是接受学校管理的对象，也是参与学校民主管理的主体之一。学生参与学校的民主管理，也是学生的一项权利。学生有义务服从学校的教育教学管理，同时也有权利对学校的各项工作提出意见和建议。学生作为学校的教育和管理对象，对学校工作的效率、管理的能力、教育的质量、服务的水平都有最真实、深切的感触和体会。因此，学校应当按照依法治校的要求，建立学校与学生的沟通渠道，如有的高校通过学代会、部门接待日、校长信箱等方式为学生提供了反映意见、参与学校管理的途径，取得了很好的成效，有力地推动了学校的改革与发展。随着社会的开放、学生权利意识的提高和法律的健全，学生权利的内容还将有进一步扩大的趋势。学校管理者应增强法治观念，主动研究学生的权利内容，以切实维护和保障学生的合法权利。

(二)督促学生履行法定义务

权利和义务相一致，任何人不得只享有权利而不承担义务，也不能只承担义务而不享有权利。在强调维护和保障大学生的合法权利的同时，对学生进行依法管理还必须督促学生履行其法定的义务。当前大学生的维权意识很强，勇于向学校主张自己的权利，甚至为维护自身权益不惜与母校对簿公堂，但是与此形成鲜明对比的是，大学生对必须履行的法定责任却缺乏足够的认识，其表现有放松学业，上课迟到、讲话、早退、吃东西等，考试作弊；不履行还贷义务，不讲诚信；藐视法律和校规，打架、偷窃等违纪现象屡屡发生，严重的甚至迷失人生的方向走上犯罪的道路。因此，学校在维护学生权利的同时，有必要引导学生正确认识自身所应承担的义务，但学校也要注意不能在法律法规和《规定》之外，为学生创设新的义务。

四、进一步完善高校学生违纪处分的程序

对学生实施纪律处分是对学生的一种特殊的教育形式，对学生的心理会产生较大的影响，尤其是违纪处分中最严重的一项处分类别开出学籍导致学生身份的改变，事关学生的受教育权，最易引起学生及其家长与学校间的争议，甚至影响校园和谐与社会稳定，因此学校在对学生进行违纪处分时应严格按照规范的程序实施，切实做到程序正当、证据充分、依据明确、定性准确、处分适当，确保处分的公正性、合法性。

(一)强化证据意识

证据是一个法律概念。《牛津法律大辞典》对证据一词解释为："事实，

从事实中推断出的结果及陈述。这些事实、结论和陈述有助于法院或其他调查主体确信某些尚不知道但正在调查之中的事实和情况。"《刑事诉讼法》第42条第2款又规定了七种证据形式,并规定"以上证据必须经过查证属实,才能作为定案的根据"。这可以视为证据的形式定义。从属性上讲证据必须具有客观性、相关性和可采性。

强化证据意识应当体现在以下三个方面:首先,收集证据要及时,不及时收集,一些有证据作用的事物可能会随时间推移而灭失;其次,收集证据要注意合法性,不能以威胁、欺骗、引诱等非法方式取证;最后,证据尽可能全面、充分,且与事实有关联。证据充分是保证处分决定正当性与合法性的重要条件,也是保证学校在与学生的诉讼中胜诉、维护学校声誉和管理权威的重要条件,高校应当充分重视学生违纪证据的收集和使用。

(二)规范送达程序

《普通高等学校学生管理规定》第55条规定:"处理、处分决定以及处分告知书等,应当直接送达学生本人。"本条即是送达程序规定。送达程序非常重要,且十分必要,因处分决定送达后将产生两个后果:一是处分决定书一经送达即产生效力,除开除学籍处分外,其他种类处分不管学生是否服从都不影响处分决定执行的效力。二是处分决定时一经送达,受处分学生申诉或寻求法律救济的期限,从送达之日起计算。受处分学生对处分不服,可在规定时限内向学校学生申诉处理委员会以及学校所在省级教育行政部门提出书面申诉。

规范送达程序应注意以下三点:一是处分决定书须送达学生本人,学生知晓处分决定是其享有的一项权利;二是为证明处分决定书送达,可以制作送达回执,请受处分学生签收。送达回执应包括送达文件的名称、受送达人姓名、送达时间地点,送达人和受送达人均应在送达回执上签字;三是在送达处分决定书时,应告知学生有申诉的权利以及申诉的时限和受理部门。

(三)设立听证程序

听证的内涵即听取对方意见。"任何一方的诉词都要被听取,即任何人在受到惩罚或其他不利处分时,应当为之提供公正的听证或其他听取意见的机会。"施瓦茨认为,"根据正当程序要求,在学生因其不轨行为而被公共学校开除以前,必须给其通知并给其审训(即听证)的机会……法院一致确认,正当程序条款适用于公共学校作出的开除学生的决定。"《普通高等学校学生管理规定》第 56 条规定:"学校在对学生作出处分决定之前,应当听取学生或者其代理人的陈述和申辩。"为使学校处分权的行使符合法治精神,避免处分运行的无序性、偶然性和随意性,确保处分行为的合法性和有效性,应当在违纪处分的过程中引入听证程序。

对听证的具体实施应注意以下几个方面:首先,应书面告知受处分的学生有申请听证的权利,同样需要以"送达回执"的方式表明受处分学生已经知晓有听证的权利、听证提起的时限、受理的部门等;其次,应建立听证机构,明确人员组成;第三,建立科学的听证规则及程序。

(四)健全申诉制度

有权利必有救济。要让权利能真正地享有和行使,就必须在权利被侵犯之后能得到救济的机制。"救济是一种纠正或减轻性质的权利,这种权利在可能的范围内会矫正由法律关系中他方当事人违犯义务行为造成的后果。"《教育法》第 42 条规定学生对学校给予的处分不服有向有关部门提出申诉的权利。

我国《宪法》规定,任何公民在权益受到损害时有权提起申诉、控告和检举。《普通高等学校学生管理规定》第 59 条至第 65 条对学生权利救济机制——申诉作了具体的规定。如申诉的机构、提起申诉的时限等。高校应尽快落实《普通高等学校学生管理规定》的要求,成立学生申诉处理委员会,同时制定具体的申诉程序,如申请、受理、审理、决定等,并通过一定的方式进行宣传,让每个学生都知道申诉的权利及程序。

参考文献

[1]《牛津法律大词典》中文版，光明日报出版社 1988 年版，第 316 页。

[2]徐静村:《刑事诉讼法学(上)》，法律出版社 1997 年版，第 135~137 页。

[3]张文显:《法理学》，高等教育出版社，北京大学出版社 1999 年版，第 340 页。

[4][美]伯纳德·施瓦茨著，徐炳译:《行政法》，群众出版社 1986 年版，第 218 页。

PPP 模式下国家网安基地新校区校园运营管理对策探析

彭正明

(武汉大学国家网络安全学院)

摘　要：本文从国家网安基地新校区一年来办学实践出发，立足法治视角探讨 PPP 模式下新校区校园运营管理内涵、问题与对策。围绕国家网安基地 PPP 模式实施，就政府方实施机构、社会资本方、政府方出资代表、项目公司的关系作了阐释；提出新校区校园运营管理采用校园运营责任主体单位和第三方运营实施单位"1+N"模式；学院作为新校区用户单位，针对校园运营管理问题，通过协调政府、企业、高校多方关系，行使校园运营管理"维护、参与、教育、监督"职能。

关键词：PPP 模式；国家网安基地；校园运营管理；职能；对策

如果说斯坦福大学与硅谷的合作是高校与企业协同创新的世界典范的话，那么武汉大学入驻国家网络安全人才与创新基地(以下简称"国家网安基地)新校区，开启"网络安全学院+创新产业谷"的新型办学模式，则是这种范式在中华大地的创造性运用。国家网安基地采取 PPP 模式建设，2020 年 8 月底投入使用。一年多来，武汉大学国家网络安全学院办学实践表明，新校区校园运营管理与武汉大学校本部、与普通大学校园截然不同，打下深深的 PPP 烙印。

一、法治视阈下的 PPP 模式

目前国际上对 PPP 模式没有统一定义，现阶段我国有关 PPP 的定义出现在财政部及发改委的相关文件中。综合来看，PPP（Public-Private Partnerships）即政府和社会资本合作模式，是指政府采取竞争性方式择优选择具有投资、运营管理能力的社会资本，由社会资本提供公共产品和服务，政府/使用者依据公共产品和服务的绩效评价结果向社会资本支付相应对价的一种模式。

PPP 模式有以下几个特征：一是政府和社会资本通过建立一种长期的合作伙伴关系，在这种关系中政府和社会资本共担风险、共享利益；二是政府采用竞争性方式选择社会资本方，以订立特许权协议为基础，双方明确各自的权利和义务；三是社会资本方负责基础设施和公共服务项目的投资、建设、运营，并通过使用者付费、政府付费、政府提供补助等方式获得合理收益；四是政府逐渐由公共产品或服务的提供者向组织者、合作者、监管者的角色转变，以此保证社会资本方依法履行 PPP 合同约定的义务，推动 PPP 项目顺利实施，实现社会公共利益的最大化。

2014 年被称为中国 PPP 模式的元年，PPP 项目在全国范围内发展迅猛。但目前为止，我国尚没有法律或行政法规级别的立法，只在 2017 年 7 月国务院法制办公布了《基础设施和公共服务领域政府和社会资本合作条例（征求意见稿）》（简称 PPP 条例），但最终未能正式颁布施行。从教育类 PPP 项目的法律依据看，《中华人民共和国高等教育法》第六十条明确，高等教育实行以举办者投入为主、受教育者合理分担培养成本、高等学校多种渠道筹措经费的机制。国家鼓励企业事业组织、社会团体及其他社会组织和个人向高等教育投入。国务院印发的《关于鼓励社会力量兴办教育促进民办教育健康发展的若干意见》（国发〔2016〕81 号）中提出："探索多元主体合作办学。推广政府和社会资本合作（PPP）模式，鼓励社会资本参与教育基础设施建设和运营管理、提供专业化服务。"

二、国家网安基地新校区 PPP 模式

国家网安基地新校区位于东西湖区，校园总用地面积 318 亩，共有 9 栋建筑，总建筑面积 28.7 万平方米，其中计容面积 21 万平方米，地下室建筑面积 7.7 万平方米，建有教学综合楼、图书馆、食堂、宿舍楼、体育馆(风雨操场)等教学及生活场馆。新校区采取 PPP+EPC 总承包建设模式，具有教育类 PPP 项目的典型特征。PPP 模式的参与主体分别是：

一是政府方实施机构，指政府方负责项目实施及与中标社会资本签约的政府本身或其授权的部门。武汉临空港经济技术开发区(东西湖区人民政府)为建设主体，政府方实施机构为区政府指定的有关职能部门，包括区住房和城乡建设局(以下简称"住建局")和区现代服务产业管理办公室(以下简称"基地办")。实践中，住建局代表政府主要履行签约、建设、管理等职能，基地办主要履行监管、协调、督办等职能。

二是社会资本方，指已建立现代企业制度的境内外企业法人。政府依法招标确定中信工程设计建设有限公司(以下简称"中信工程")为该 PPP 项目的投资方，中信工程牵头组建中信网安(武汉)投资发展有限公司(以下简称"中信网安")具体负责实施该项目。

三是政府方出资代表，指在项目公司中代表政府履行出资人职责的单位。本项目中，武汉临空港投资集团有限公司(以下简称"临空投")作为资产持有方对资产有监管职能。

四是项目公司(SPV)，指政府和社会资本为实施 PPP 项目而专门成立的有限责任公司，是与政府方实施机构签订 PPP 项目合同的签约主体和项目运营主体。2018 年 11 月，武汉临空港经济技术开发区与中信网安签订《武汉临空港经济技术开发区国家网络安全人才与创新基地及临空港新城市政道路 PPP 项目合同》，合同约定：网安基地项目合作期为 15 年，其中建设期 3 年，运营维护期 12 年。中信网安依法享有 3 年建设期和 12 年运营维护期内项目资产的经营管理权。政府授予中信网安在该项目的勘察设计、投融资、建设、

运营维护权具有排他性。运营期内由中信网安为使用方提供服务并收取有关费用。

2020年8月底，武汉大学国家网络安全学院入驻新校区后，标志着PPP模式到了校园运营管理阶段。如前所述，校园由中信网安依法、依规、依约进行经营管理。中信网安依法招标确定中电(武汉)网安基地运营有限公司(简称"中电网安")为网安基地提供基础运维服务，包括物业管理服务、食堂运营服务、体育场馆运维服务等。目前，由中电网安牵头依法招标确定的校园运维管理公司有：丽岛物业负责物业和校园秩序维护，全派餐饮负责食堂运营服务，明天体育负责体育场馆运维服务，中电节能负责能源站运维和中央空调服务等。

综上，PPP模式下国家网安基地新校区的校园运营采用"1+N"方式，"1"指作为项目公司的中信网安，是校园运营责任主体单位，是政府绩效考评的对象；"N"指中电网安及其旗下的若干运营公司，是受中信网安委托、政府认可的第三方运营单位。

三、PPP模式下校园运营管理问题分析

作为办学亲历者和校园运营参与者，笔者认为PPP模式下校园运营管理，就是学院作为用户单位，在国家网安基地PPP项目12年运营维护期内，基于校园运营责任主体单位和第三方运营实施单位"1+N"模式，通过协调政府、企业、高校多方关系，行使校园运营管理"维护、参与、教育、监督"职能的办学行为。目前，新校区校园运营管理总体上呈现出各项收费标准与校内一致、服务质量不低于校内、师生体验优于校内、能够提供基础保障的阶段性特征，但也存在诸多问题：

（一）PPP关系不顺

在新校区PPP项目中，因为是"摸着石头过河"，我们俗称的政府"三架马车"，住建局为政府方实施机构，基地办为协调方，临空投为政府方出资代

表，在具体项目运行中存在职责不清的情况；中信网安为社会资本方，而施工单位、运营维护单位多达几十家公司，学院在办学中不可避免要与众多企业打交道，关系尚未理顺；学校在 PPP 项目合同中没有权利义务，存在非 PPP 项目合同主体的风险，在校园运营、师生权益保护等关键环节上不能体现高校的专业化需求。武汉大学仅与临空港经开区管委会签订了入驻网安基地办学协议，但是与其他有关单位均无进一步管理合同，责、权、利和管理权限仍然存有空白。

(二) 协调机制不畅

各方对 PPP 项目的理论内涵和运行机制缺乏共识；缺少各方参与的校园管理协调委员会，基于解决现实问题的 PPP 项目运营协调会尚未形成长效机制；PPP 超概后的利益协调机制尚未建立，原本校园建设的基础问题变得非常复杂，如恒温游泳池消防喷淋设施整改、羽毛球馆运动地板加装、室外运动场平整等问题，试运行一年后才得以落实；管理机制尚未统一，诸如医务室运营管理问题、宿舍一楼生活配套服务问题等尚待进一步探索，尚存在校园管理与项目运营逐利性的矛盾冲突风险。

(三) 自主可控不够

一是学院管理职能增加后的不适应。新校区办学模式的特殊性导致学校职能部门的部分管理职责落到学院层面，如教室管理与教学设备维护、中心机房管理与运维服务、宿舍管理与低碳生活方式养成等问题。二是面对 PPP 项目合同排他性造成的挫折感。校园运营管理中，学院师生直接面对多个运营实施单位，而对有关各方的运营管理合同不甚了解，特别是对涉及师生利益的事项，诸如物业服务标准与范围、体育场馆运维与购买体育运动指导服务、食堂管理与食品安全、中央空调运行管理与能源服务等问题知之甚少，难以做到有效监督。三是各方文化差异造成的体验感不佳。新校区实行两所高校"部分独立、部分共享"运行模式，两校之间因管理模式、师生关注点、政策经费执行不同，师生攀比心理一定程度存在，学院对学生需求的预判不足、政策解释不够；高校与政府、企业之间因体制机制、思维方式、文化氛围不同，导致校园运营管理协调性工作多、办事效率不高，且第三方运维与高校需求还存在差异，不同程度存在师生体验不佳的现象。

四、PPP 模式下校园运营管理对策思考

加强 PPP 模式下校园运营管理，必须针对新校区新情况新问题推进依法治理，提高学院治理体系和治理能力现代化水平。

(一)履行维护职能，尊重多样需求，理顺多方关系

学院履行维护职能，要把握几个重点：一是维护与地方政府、投资运营方伙伴关系。2018 年始，学院依托武汉大学工作专班，与 PPP 模式下各方密切协作，全面深度融入国家网安基地新校区规划、设计、建设、运维全过程，特别是提出的一系列建设理念得到广泛认同，从而奠定了良好的伙伴关系。当前，要按照校长窦贤康批示要求，"以发展寻求地方政府更大的支持"，落实入驻办学协议，必要时学校应通过受让项目公司股权方式介入 PPP 项目，作为社会资本方之一实现项目公司与学校对校园的统一管理。二是维护与第三方运营实施单位的工作关系。尊重并支持第三方运营实施单位依法依约进行校园运营管理，寻找高校校园管理、新校区师生需求与第三方运营管理的契合点，坚持问题导向，增强共识凝聚力、愿景激励力，最大限度地释放组织能量，做好校园运营管理。三是维护好、实现好师生的合法权益，满足师生对美好校园生活的向往与需求，既要获得地方政府投入，又要赢得学校职能部门支持，建立与校园运营管理各方"求同存异、相互包容、攻坚克难、合作共赢"的良好关系。对涉及师生利益的事项，由学院与有关各方进行协商，取得一致意见后，以 PPP 项目会议纪要或补充协议的形式确定下来，以保护师生合法权益。

(二)履行参与职能，树立法治思维，加强制度建设

法治工作是融入性、贯穿性、经常性的工作。学院履行参与职能，必须

把法治的要求体现到新校区校园运营管理各环节和全过程。

一是在大学章程中明确新校区办学地位。现行《武汉大学章程》第一章第三条规定，"学校根据发展需要，经举办者批准，可以设立或者调整校区及办学地点。"随着章程上位法的修订和网络强国战略的实施，建议学校修订章程并明确将国家网安基地新校区作为一流网安人才培养特区和学校对外交流窗口。二是构建以章程为核心的新校区规章制度体系。探索学院法治工作联络员制度，在学校法治工作机构指导下开展工作，完善新校区办学风险防控体系；通过细化合同条款，明确学校和项目公司之间的权利义务界限，推进新校区各类涉法事务管理；健全师生权益保护救济机制、教师人才公寓租赁机制、学生国家网安基地奖助学金发放机制，探索与华中科技大学网络空间安全学院人才培养互补共享机制，建立健全符合新校区实际的食堂、宿舍、体育场馆管理办法，完善涉新校区校园运营管理的师生申诉规则与程序，逐步建立规范统一、分类科学、层次清晰、运行高效的校园运营管理制度体系。三是通过教职工代表大会、团员学生代表大会、研究生代表大会等方式建言献策，或组织学生以勤工助学或研究生助管方式参与第三方运营管理。

(三)履行教育职能，加强教育引导，推崇低碳生活

学院担负着培养一流网络安全人才并使之成为时代新人、国家栋梁和城市精英的重任。要针对双校区校园管理差异性、新校区校园管理特殊性，根据师生觉悟水平和多样化需求，通过开展形式多样的主题教育活动、校园文化活动和社会实践活动，吸引师生广泛参加新校区运营管理，增强健康生活意识、节能环保意识。一是要提升师生幸福感。对比校本部，在新校区实现"六同步一超越"，即保持学费同步、网络同步、伙食同步、住宿同步、活动同步、文化同步，校园运营管理质量、标准、体验全面超越校本部。二是要培养学生热爱运动的习惯。提倡在新校区涵养学生1~2项受用终生的体育运动技能。用好新校区恒温游泳池、篮球馆、羽毛球馆、健身房、乒乓球室、台球室和室外综合运动场资源，将明天体育公司作为新校区体育部，以小班

教学方式开展各类运动技能培训，采用个人付费、学院补贴、基地兜底的方式鼓励学生强身健体。三是针对新校区全中央空调、宿舍六室一厅一卫设计等优质办学条件，从节水电、节能源、垃圾分类回收等三个环节组织志愿服务和文明创建活动，引导学生进一步树立节能意识，增强环保责任，践行低碳生活，提高文明素养。

(四)履行监督职能，创新体制机制，健全责任体系

学院履行监督职能，最重要的环节是参与绩效考评，对项目公司的运营拥有话语权。一是根据《政府和社会资本合作(PPP)项目绩效管理操作指引》(财金〔2020〕13号)，武汉大学可与政府方实施机构明确参与绩效考评目标和指标体系的制定，参与绩效考评小组对项目公司进行绩效考评，从而形成对项目公司的一定约束。二是健全责任体系，督促政府对校园运营管理的关键环节实施严格有效监控，特别是要持续监督第三方的运营、设备维护和更新情况，保证向师生提供安全可靠的服务，谨防因质量问题发生重大事故，给学校声誉和师生生命财产造成重大损失。三是探索新校区综合服务保障机制。按照属地化、专业化要求，做好新校区"大后勤"购买服务工作，实现物业管理、园区管理、食堂管理、宿舍管理、体育场馆管理、智慧校园与信息化管理等全方位的第三方服务格局，推进公共服务体系建设。四是督促有关各方尽快完成新校区配套建设，如推进智慧校园建设，进一步提升智能化水平；成立食堂监委会，加强伙食卫生、质量监督；加紧学生宿舍一楼底商布局，完善商业业态，满足师生多样化需求；加紧体育场馆全部投入使用，按照不高于武汉大学校内水平做好使用收费工作；完善园林道路绿化，进一步优化校园环境。

参考文献

[1] 彭正明：《一流网络安全学院建设的精神动力探析》，《学校党建与思想教育》2019年第5期(下·增刊)，第53页。

[2]《基础设施和公共服务领域政府和社会资本合作条例(征求意见稿)》，载

http：//www. mofcom. gov. cn/article/b/g/201709/20170902653358. shtml，
2017 年 9 月 29 日。

[3]《教育部关于进一步加强高等学校法治工作的意见》（教政法〔2020〕8 号），
载 http：//www. moe. gov. cn/srcsite/A02/s5913/s5933/202007/t20200727 _
475236. html，2020 年 7 月 28 日。

依法治校视域下
高校学生会组织参与大学治理的路径探析

陈菊平

（武汉大学团委）

摘　要：随着大学治理主体的多元化和社会民主化趋势的不断加深，学生会组织在大学治理中暴露了一些问题。本文以依法治校为视域，通过对学生会组织参与大学治理的现存问题进行分析，并从外部路径与内部路径两方面提出政策建议。外部路径主要基于学生会组织法律地位的确定，治理角色的定位，与行政机构的关系三个方面进行探索，内部路径主要基于提升学生主体的公民意识，优化学生会组织运行机制，摆脱行政管理理念约束，创新权益维护途径四个方面进行探索。

关键词：依法治校；学生会组织；大学治理

在 2018 年召开的全国教育大会上，习近平总书记指出"要依法治教、依法办学、依法治校"，但高校落实"依法治校"的实际效果不尽如人意，暴露出治理上的问题。大学治理问题是新时代依法治校背景的必然要求。

新时代背景下，当代大学生正在不断提高主体意识和公民意识，其法制观念、民主观念、政治观念等都在不断加强；学生更加勇于并善于维护自身的合法权益。在群众组织发展和公民意识崛起的双重作用下，"去行政化"趋势日益明显，高校的多元化治理趋势也在进一步增强，以学生会为代表的学生组织作为学生代表参与高校管理，能够进一步发挥学生主体作用。"依法治校"是新时代的重要议题，"学生会与大学治理"是民主社会背景下校园冲突的主要表现。以依法治校为视角，发现并解决大学治理中学生会组织存在的主要问题。

一、基本内涵

(一)依法治校

自 2007 年教育部提出"依法治校"概念，自此，"依法治校"一词频繁出现在大众的视野中。"依法治校"概念的提出，是法治思想向高校教育管理工作延伸的结果，是教育事业发展的必然要求。

对"法治"一词的剖析奠定了对"依法治校"概念理解的基础。当今时代的法治，要求凸显"以人为本"的治理原则。依法治校概念应承接该法治理念，将"以人为本"贯彻到学生管理当中，平衡好各方的权利与义务。首先，我们要将法律看作是一种权威，它指的不仅是法律条文，还包括价值层面的法治精神与思维。其次，依法治校的对象包括在学校管理范围中的一切公共事务，教师和学生应当由治理的客体变为治理的主体。最后，依法治校不仅要体现在权利的有效保障与义务的合理履行上，更体现在高校的动态管理过程当中，推动学校整体环境的和谐、公正、法治。

(二)大学治理

治理不是森严不变的等级规律，而是一个动态发展的过程；治理不仅涉及公共部门，还包括一些私人部门。治理应当体现参与、共同、合理、有序、平等、透明。治理理论强调多元主体参与，这一理论也为大学治理提供了新的路径，并在这一过程中体现出多元化、合作化、动态化、民主化特征。

大学民主治理在于对高校内部权力进行合理分配，将权力分配给参与的主体，具体包括高校管理人员、老师和高校学子。在此需要区分"大学治理"与"大学管理"两个概念，大学治理是由大学管理演化过来的。大学管理是上级向下传达命令，体现的是一种服从与遵守。大学治理是参与主体平等的进行协商，体现的是一种平等的分权与参与。

二、高校学生会组织参与大学治理存在的问题

（一）参与大学治理的地位缺乏制度保障

我国大学的内部管理体制受国家行政管理体制的影响较深，大学的权力运行延续着传统的科层制模式，受行政权力的影响较大。在制度设计上，《教育法》等认同了学生参与高校民主治理的合法性，明确了学生参与大学治理的地位和角色，但学生参与大学治理的形式、路径和内容等方面依然缺乏细节设计。其中，大学章程在大学治理方面发挥着重要作用。

（二）参与大学治理的边界模糊不清

随着大学治理能力与治理体系现代化的到来，学生维护自身权利意识不断增强，学生对于拥有学校发展及校园建设的知情权和话语权的要求显著增强，其要求分享学校治理权力的呼声也越来越强烈。随着团学改革的推进，高校学生会组织的"服务性"功能日益凸显，学生和学生会组织不再满足于基本的知情权、参与权，而是希望获得参与学校重大事务的决策权和监督权。但是，由于缺乏规范引导，学生参与大学治理的内容、层级、深度等依然难以进行科学合理的划分。广大学生依托学生会组织进行维权的深度、广度缺乏明确界限，极有可能导致途径方式、内容层次的不合理，从而进一步成为大学治理不可忽视的"安全隐患"。

（三）参与大学治理的权力异化

当前，高校学生参与大学治理，主要是以参加学生会组织和学生代表大会为路径，但在参与大学治理的实践中，学生权力出现了异化现象。它主要表现为学生会组织的形式化和运行过程的"去功能化"，学生会组织和和学生

代表大会大多时候变成了高校行政意志的宣传渠道，使学生群体对学生会组织的认同感下降。在实践中，学生代表大会很难按照自身逻辑程序运行，学代会议题的选择缺乏透明化的票选机制，其中也带有学校管理者的"上级意志"。

学生会组织如若不能够在高校管理者和学生之间做好利益平衡，学生在事实上就会失去其权利赖以存在的逻辑理性以及权力运行的合法平台，进而失去了其在大学治理中话语表达的一个载体。

(四)参与大学治理的运行机制滞后

尽管我国大学管理体制正在向更具民主化的治理体制转型，但是传统办学理念、行政管理生态、高度集权体制，都使得学生参与治理的保障机制、激励机制、监督机制等方面的创新面临着重重阻碍。根据相关调查数据，学生在学习生活过程中，对学校的一些管理不满意时，认为自己及学生会组织的参与对学校的管理决策产生不了实质性作用(63.8%)。这足以警示我们，要在学生认同的基础上，将参与机制的改进和创新与学生的现实诉求相契合，将参与机制的建构演绎为稳定的制度化过程，同时契合我国高校现有的内部管理体制。

在治理实践的安排中，高校应根据其独特的体制与机制，在治理过程中形成自身模式，选择符合实际校情的治理行为和方法，体现动态治理的科学性，保持大学内部治理的持久活力与不断发展的创造力。

三、高校学生会组织参与大学治理的优化路径

(一)外部路径

1. 明确落实学生会组织参与大学治理的法律地位

根据《高等教育法》和教育部《普通高等学校学生管理规定》规定，广大学

生有权利参与学生组织，同时也需要遵守法律法规和学生行为规范。在享受一定的权利的同时，也需要承担一定的义务。然而，学生会是学生利益的代表组织，我国高校学生会虽然在学校管理中具有一定的权利，但是在学校治理政策中话语权亟待提升，这与没有法律地位的保障有很大的关系，随着我国依法治国进程的推进，学生会的法律地位也应该进一步明确。

依法治国是我国群众民主治理国家的基本方略，建立完善的高校学生会治理和权益保障的法律制度，高校去行政化是大势所趋。各大教育体制改革文件都对学生主体地位给予高度的重视，这有利于发挥广大学生主体的主观能动性。但国家尚未为大学生参与大学治理制定专门的法律规定，高校相关的政策法规落实也不到位，相关部门应当继续落实学生会组织参与大学治理的法律地位，并在此过程中充分发挥学生主体作用，出台相关的法律法规以明确学生会组织的法律关系，厘清学生会组织参与大学治理的权利与义务的边界。

2. 合理定位学生会组织参与大学治理的角色

合理定位学生会组织在大学治理中的地位，必须要切实加强高校管理者对多元治理主体的认同意识。从高校内部权力地位的配置角度来看，在学校行政权力、教师权力、学生权力三权力的博弈中，学校行政权力占据了明显的优势，挤占了学生权力实施。高校过度行政化，主要体现在在学生会管理运营、教师教育等方面过度干预，导致学校一方权力独大，严重制约了学生主体民主权利的实施。同时，必须加强学生会组织的自身建设，以"服务学生"出发，将学生会组织定位为切身维护广大学生利益的组织，充分发挥组织的主观能动性，积极投入到大学治理的事业中去。

3. 处理好学校行政机构与学生会组织的关系

当下，对于发挥学生会组织作用中的"作用"一词的理解往往有失偏颇，多数高校在政策和活动的实施中具有强制性，使学生会组织在一定程度上丧失自主性，活动运行模式完全由学校掌控。因此为处理好学校党政机构与学生会的关系，学校党政机构和团组织要科学掌控对学生会工作指导的"度"，在尊重学生会民主权利的前提下进行工作指导，在学生会的指导工作中，坚持"张弛有度"，保障学生会活动组织、自我服务机制的健康运行。

(二) 内部路径

1. 提升学生主体的公民意识

提高高校大学生的民主和公民意识，是推动大学治理事业蓬勃发展的必要环节。高校应当注重"以人为本"的学生个性化培养，在全校营造起注重培育和提升学生的批判精神和独立思考能力的教育氛围，从而促进学生综合能力的提高。武汉某高校学生会组织可以通过"权益部"这一平台，倡导广大大学生参与，通过利害相关的"重点议题"——校园提案大赛等形式，在切实满足学生需求，充分保障学生的利益的同时，提升了学生的自我管理能力和校园治理的能力。

2. 优化学生会组织的运行机制

优化运行机制，是促进学生会组织良好运转，促进广大学生主动参与的重要保障。高校应当以学生会组织为平台，加强对学生参与大学治理的保障，完善大学生参与大学治理的监督机制、救济机制、激励机制等，提高学生会自身建设水平，提升组织的号召力和引领力，为大学生合法合理参与大学治理提供有效的组织机制保障。需要让每一位同学都能够真正参与到学生会的管理和建设中去，包括学生会干部任免、学生会成员奖惩、学生会运行机制改革等管理和监督工作，充分发挥学生自身在学生会建设中的积极影响和作用，防止学生会出现脱离广大大学生等问题。

3. 摆脱行政管理理念的约束

现如今，很多高校学生会成了高校党政和行政部门的分支。学生会组织也失去了自我服务的方向感，学生主体与学生会的距离越来越远，因此我国高校学生会组织暴露出了缺少凝聚力、公众力、号召力、团结力的问题，学生会组织的服务功能不能有效的体现，严重制约学生会运行机制的高效性。基于这种现状，学生会组织首先要坚持"去行政化"、"去官僚化"工作，从学生会组织成员的角度着重强化"我为人人，人人为我"的服务观念，从而在广大学生面前树立优秀的组织形象，提高学生会的影响力、公信力，从而树立学生会组织参与大学治理的权威和口碑。

4. 创新权益维护途径

可以充分利用互联网，构建网络参与模式。网络参与平台的搭建具有多样性，可以利用"学生会""全心权益"公众号等新媒体平台展开决策和对话，采用消息速递、调查问卷、民主投票、微信推文等方式，保障学生权益。还可加大推广学校专项权益服务力度。要着手做好微信公众号学生服务体系的搭建，通过宣传"提案大赛"等活动，学生可以直接向学生会平台反映遇到的问题，提出合理建议，并由学生会整理直接反映给学校相关部门领导和责任人。学校能够更真实地听到学生的声音，了解学生真实想法，有益于学校管理和长远发展。

学生参与学校治理的途径还有很多，比如武汉某高校正在实行的"校领导接待日"，学生可以通过自主报名反映权益问题。此外，还有许多新颖的形式可供采纳，如举办"校园维权大使"等活动，寻找权益榜样，弘扬学生权益正能量；毕业季可以组织学生家长、学生代表、教师代表召开座谈会，多方听取建议，从而进行学校管理制度的修订等。创建学生会参与大学治理的多种途径，可以拓宽学生表达自身利益的渠道，拓宽学生会参与学校治理的领域，也能够扩大学生会组织参与大学治理的话语权。

参考文献

[1]张继红，蒋冰晶.大学生参与高校治理的法治路径研究[J].河北工业大学学报(社会科学版)，2021，13(02)：45-49.

[2]丁震霆.学生参与高校治理途径探析——以学代会为例[J].长江丛刊，

2020(29)：94+96.

[3]赵番.广西高校学生组织参与大学内部治理的困境与对策[D].广西大学,2020.

[4]张诗钰.新时代依法治校背景下高校思想政治工作现状及反思[J].法制博览,2020(13)：243-244.

[5]黄泽峰.治理理论视角下高校学生会组织参与校园民主治理模式探究[J].高校共青团研究,2019(Z1)：155-160.

[6]冯遵永.我国大学内部治理中学生参与研究[D].中国矿业大学,2019.

[7]程琛.学生会在高校治理中的地位及作用研究[D].陕西师范大学,2016.

新时代高校离退休工作队伍
法治能力建设研究

胡　珊

（武汉大学离退休工作处）

　　摘　要：全面依法治国、全面依法治校，要求高校离退休工作人员要依法依规做好离退休教职工的服务管理工作，提高依法管理、科学管理的能力。本文基于法治视角，积极探索高校离退休工作队伍提高法治能力的方法和用法依法的途径，全面加强高校离退休工作法治建设。

　　关键词：高校离退休工作；依法治校；法治能力 队伍建设

　　在依法治国的治国方略下，依法治校是高校落实法治精神的具体体现，已被明确列入到高校的各项管理工作之中。离退休工作作为学校工作的重要组成部分，也需要依法依规进行管理和服务。尤其随着我国老龄化社会程度进一步加剧，高校离退休教职工人数逐年增加，离退休教职工的规模越来越庞大，做好离退休管理服务工作的难度也不断增大，对高校离退休工作队伍依法管理、科学管理的水平提出了更高的要求。因此，加强离退休工作队伍的法治能力建设，是推动依法治国、依法治校的需要，是促进离退休工作高质量发展的需要。

一、提高高校离退休工作队伍的法治能力是新时代的新要求

(一)依法治国、依法治校的新要求

"法令行则国治,法令弛则国乱。"法制是现代社会的基本特征之一。党的十八大首次将"法治思维"和"法治方式"写进报告中,成为全党上下的共同要求。十八届四中全会通过的《中共中央关于全面推进依法治国若干重大问题的决定》明确提出要提高党员干部法治思维和依法办事能力,只有不断地提高法治素养和能力,才能更好地推进全面依法治国。

全面依法治校、依法治教是实施依法治国方略的重要组成部分。1999年,教育部印发了《关于加强教育法制建设的意见》,明确提出积极推进依法治校;2003年,发布了《关于加强依法治校工作的若干意见》,把教育管理和办学活动纳入法治轨道;2012年,发布了依法治校的里程碑式文件——《全面推进依法治校实施纲要》,对依法治校进行了全面部署,推动依法治校全面展开。

高校离退休工作是高校工作的重要组成部分,肩负着学校广大老同志的管理和服务的重任,事关学校的长久稳定和发展。依法依规做好高校离退休工作,是全面依法治国、全面依法治校的具体落实,是学校法治建设的重要方面。

(二)新时代离退休工作的新要求

我国已进入老龄化社会,根据国家统计局公布的第七次全国人口普查显示,截至 2020 年 11 月,我国 60 岁及以上人口为 2.64 亿,占总人口的 18.70%,65 岁及以上人口为 1.90 亿,占总人口的 13.50%。在老龄化的大背景下,高校离退休教职工的人数逐年大幅度增加。以武汉大学为例,截至 2021 年 11 月共有离退休教职工 6987 人,与在职教职工人数基本持平。

高校离退休教职工具有其独特的显著特征:一是学历、职称、文化层次

相对较高，维权意识普遍较强，对高校离退休工作的科学化、规范化、制度化有更高的要求；二是高校离退休老同志普遍能够使用智能通讯设备，能通过手机、网络及时了解政策、文件，高度关注学校是否依规依章落实有关待遇；三是高校离退休老同志都是在学校工作几十年，相互之间比较熟悉，联系比较密切，如果出现离退休服务管理违规违章的情况，极容易传播扩散，造成不良影响。新形势下高校老同志的信访工作、维稳工作、安全工作等，专业性强、政策性高，要求离退休工作人员具有较高的法治能力，能够充分发挥法制的引领和规范作用。

(三)维护老同志合法权益的新要求

在经济转轨、社会转型的过程中，随着生产方式、生活方式和思想观念的变化，出现了很多和老年人密切相关的代际隔阂、家庭纠纷、社会保障等问题。近年来，高校离退休老同志在婚姻家庭、遗产继承、邻里关系、债权债务等方面的问题和纠纷时有发生。同时，老年人随着年龄的不断增长，记忆力不断衰减，智力退化，各方面能力衰减，往往无法分辨不法分子的行骗伎俩。以老年人为诈骗对象的案件越来越多，天价保健品、养老床位骗局、电信诈骗、集资诈骗等等，针对老年人的诈骗类型和手段层出不穷。

因此，当老同志遇到纠纷、上当受骗、权益受到侵犯时，需要学校离退休工作部门依法维护离退休老同志的合法权益，给予老同志法治帮助。特别是高龄、空巢、孤寡、困难、失能老人的特殊人群，对学校的依赖性更高，更需要得到离退休工作人员的法治帮助，维护自己的合法权益。以武汉大学为例，高龄、空巢、孤寡、困难、失能老同志比例不断增加，截至 2021 年 11 月，全校 80 岁以上的老人近 2000 人，90 岁以上老人近 300 人，高龄、空巢、孤寡、困难、失能老同志 500 余人，规模庞大。

二、提升高校离退休工作队伍法治能力的方法与途径

在全面依法治国、依法治校的背景下，法治能力已经成为新时代高校离

退休工作人员的重要素质和能力。新时代高校离退休工作人员需要从多方面、多层次学习和掌握法制知识，强化法治素养，提升法治意识，切实增强法治能力。

（一）强化学习，提高法治水平

学法才能知法，懂法才能用法。提升法治能力，是一个不断学习、循序渐进的过程。作为高校离退休工作人员，要结合工作的实际需要，加强法制学习。学习以宪法为核心的社会主义法律体系，不断丰富法律知识，掌握法律常识，理解法制的内涵和价值，提高法律意识。学习党章和党内法规，离退休工作是党的组织工作的重要组成部分，离退休工作人员要把"学党章守纪律讲规矩"摆在重要位置，学习《中国共产党普通高等学校基层组织工作条例》、《中国共产党党员教育管理工作条例》等法规。学习与老年人权益保障有关的法律条文，《民法典》、《老年人权益保障法》、《继承法》、《婚姻法》等；学习与高校行政管理工作有关的法规，《高等教育法》和学校的行政规章。通过学习，不断提高法治水平，提升依法办事能力。

（二）强化培训，提高法治意识

学校应当重视离退休工作队伍的法治能力培训，不断完善离退休工作队伍的法治培训体系。加大资金投入，建立常态化的教育培训机制；扩大法治培训的范围，不要局限于领导干部，应多向在基层一线的离退休工作人员倾斜；增强培训的针对性和实效性，结合离退休工作的实际需求，引导离退休工作人员深度学习与老同志工作相关的法律知识；组织专业人员编写简单易懂的老同志维权案例分析、法律问题处理的工作手册等教材，全面系统地展现离退休工作所需的法律知识；充分利用学习强国、法宣在线、微信群、QQ群等平台，为离退休工作人员提供丰富的学法资源，有效提升法治教育的效率和质量。

（三）强化制度，促进依法依规办事

建立健全制度，有利于营造外在法治环境，引导和激励高校离退休工作队伍不断提高法治能力。一是建立健全高校离退休管理与服务工作的规章制度。制定工作章程，明确工作职责，规范管理和服务流程，提升工作的规范化、制度化和法治化，让所有的管理和服务都可以有章可循、有法可依、有规可遵；二是建立健全考核评价机制。把为老同志依法管理、依规服务、依章办事作为离退休工作考核的一项内容，并作为评优评先、选拔晋升的参考依据。三是完善监督投诉渠道。推进信息公开，接受老同志和广大师生的监督，通过制度的约束，更好地促进离退休工作人员依法依规办事。通过制度的引导和约束，使高校离退休工作人员把对法律的尊崇和敬畏，转化成依法依规服务管理的意识，用法律法规约束行为、指引方向、破解难题。

三、高校离退休工作队伍学法用法的实践与应用

高校离退休工作队伍要重视法治实践和应用，不仅要学法、懂法，还要用好法，当好高校老同志的法制宣传员、依法维权的咨询员、依法办事的执行员和为老同志服务的维权员，用法治思维和法治方式解决老同志日常生活中遇到的问题，更好地推动高校离退休工作的开展。

(一)当好高校老同志的法制宣传员

高校离退休工作人员工作在为老管理、服务的第一线，与离退休老同志联系紧密，可以充分利用各种条件和手段进行广泛法治宣传和引导，引导老年人树立正确的法治观念，提升老同志运用法律武器维护自己合法权益的意识和能力。如在学校的老年大学开设老年人法治课程，学习、普及有关保护老年人的法律、法规和政策，使老同志知法、懂法、守法、用法；定期举办老年人投资理财、养生保健风险防范、老年人法律纠纷等讲座，进行普法教育；结合走访慰问，入门入户深入到老同志中去，发放维权、防骗等宣传资料，面对面进行法治宣传；用好广播、电视、报刊以及微博、微信、短视频等媒体平台，用好普法宣传橱窗、提示栏、宣传标语牌，宣传相关法律法规，营造良好、健康的法治校园环境。

（二）当好老同志依法维权的咨询员

近年来，离退休老同志遇到了诈骗，或是出现婚姻家庭、遗产继承、债权债务纠纷等问题时，常常因为法治意识不强，导致使纠纷难以化解，甚至矛盾不断激化，权益得不到有效维护。

学校老同志遇到权益被侵害时，往往会向单位反映，向学校求助。高校离退休工作人员要当好老同志依法维权的咨询员，一方面要做好信访接待，认真倾听，详细了解情况，积极与相关部门沟通协调，主动想办法为老同志排忧解难；另一方面向老同志提供法律法规、政策文件等信息，正确地解答有关政策文件精神，介绍《民法典》《老年人权益保障法》相关条款内容，提供法律援助，引导老同志依法维护自身权益。高校离退休工作人员通过帮助老同志依法维权，化解矛盾，促进家庭和睦、邻里团结、校园和谐和社会稳定，对学校改革和发展的大局有着积极的影响。

（三）当好为老同志依法办事的执行员

高校离退休工作人员是为老同志依法办事的执行员，需要依法依规落实离退休教职工政治待遇、生活待遇和各类福利待遇。党和国家高度重视离退休工作，2000 年印发了《中共中央、国务院关于加强老龄工作的决定》（中发〔2000〕13 号），2019 年印发了《国家积极应对人口老龄化中长期规划》。各级政府、各个高校也相应出台了加强离退休工作的文件。以武汉大学为例，近三年来先后出台《武汉大学关于进一步加强和改进离退休工作的意见》《武汉大学关于贯彻落实离退休工作政策有关事项的通知》《武汉大学教职工重大疾病互助金管理办法》等。高校离退休工作人员需要准确掌握相关的文件要求，依法管理、依规执行，保障离退休教职工政治、医疗、退休工资、社会福利等方面待遇的落实到位。

（四）当好高校老同志的维权员

离退休老同志既是一个庞大的社会群体，又是一个弱势群体，需要关爱和帮助，更需要有人帮助保障他们的合法权益。高校离退休工作人员平时与老同志联系紧密，掌握老同志的情况，能够为老同志提供及时有效的维权服务。如及时处理老同志投诉，听取老同志的意见和建议，及时向学校和有关部门反馈，促进有关部门不断改进工作、改善服务；加大宣传，大力弘扬孝亲敬老的传统美德，积极营造尊老敬老爱老助老的浓厚氛围，让老同志更受关爱和重视；积极建言献策，参与有关老年人法律法规和政策的制定，不断改进和完善离退休工作体系，加大对老同志工作人力、物力、财力的投入；建议学校利用法学专业优势和资源，成立老年人权益保护公益组织，为老同志提供法律援助等。

参考文献

[1] 韩慧，臧秀玲. 党员领导干部法治能力的内涵、现状与提升对策[J]. 东岳论丛，2018，39(12)：36-43.

[2] 夏禹，夏昌武，徐辉. 高校干部依法治校能力建设路径初探——以上饶师范学院为例[J]. 上饶师范学院学报，2018，38(05)：116-120.

[3] 任理庆. 党员干部必须提升运用法治思维和法治方式能力[N]. 长治日报，2018-02-25(003).

新时代高校保密法治建设路径研究

靳　晶

（武汉大学保密委员会办公室）

摘　要：本文从保密法治建设的重要意义入手，试图从坚持党管保密、建立健全保密工作制度、依法依规开展保密管理以及推进保密法治宣传教育等方面，对新时代高校保密法治建设的路径进行研究和探索。

关键词：高校；保密法治建设；路径

保密工作是党和国家的一项特殊工作，与党和国家的安全与利益密切相关，具有极端重要性。新时代保密工作面临着严峻复杂的国际国内形势，其重要性进一步凸显。高校因其承担科学研究、人才培养、社会服务等重要任务，加之涉密人员众多、涉密事项多样、科研场所分散、校园环境和文化开放、国际科研合作交流频繁等特点，其保密工作面临更大困难和挑战。在新时代推进依法治国的大背景下，面对新情况和新问题，高校如何坚持依法治密的法治理念，利用法治思维和法治方式做好新时代的保密工作是当前亟待解决的一项重要课题。

一、深刻认识和把握保密法治建设的重要意义

习近平总书记指出："必须坚持把依法治国作为党领导人民治理国家的基本方略、把法治作为治国理政的基本方式，不断把法治中国建设推向前进。"

加强保密法治建设，推进依法治密，是贯彻落实依法治国方略的必然要求。

从1989年5月我国第一部《保密法》正式施行，到2010年10月《保密法》再行修订完成并实施，一个以宪法为依据，以《保密法》为主体，保密行政法规规章及其他法规中涉及保密管理的法律规范为配套，与刑法、立法法等基本法律相衔接的我国保密法律法规体系逐步建立。保密工作基本实现有法可依、有章可循，为推进保密依法行政奠定了坚实基础。

法治兴则国家兴，法治强则国家强。党的十八大以来，以习近平同志为核心的党中央高度重视保密工作，作出了加强和改进保密工作的新决策、新部署，印发"十三五"时期保密事业发展规划，提出了坚持党管保密、加强依法治密、加大创新力度、做好综合防范等一系列重大举措，保密法治建设取得显著成效。在当前依法治国的大背景下，依法治密是保密工作的应有之义，法治化成为保密工作的必由之路。对高校而言，要以保密法治建设为抓手，坚持依法治密，从而逐步实现国家秘密治理体系和治理能力现代化，推动保密工作转型升级。

二、新时代高校保密法治建设的路径

(一)坚持党管保密，扎实推进保密工作责任制落实

坚持党的领导、党管保密是新时代保密法治的根本原则。党的领导是保密事业发展的根本保证。党管保密是保密工作的政治优势和组织优势，是加强新时代保密工作的根本要求。

立足高校，我们要坚决贯彻党管保密原则，建立健全保密工作责任制，形成党委统一领导下的一级抓一级、层层抓落实的保密责任体系，明确各层各级的责任主体及其应承担的保密责任。要建立健全党管保密体制机制，进一步完善高校保密委员会的制度建设，充分发挥保密委员会总揽全局、统筹谋划、协调各方的作用，将保密法治建设作为保密工作研究的重要内容之一，形成有关各方齐抓共管的良好局面，确保为推进保密法治建设提供组织保障。

二级单位党委要切实履行保密责任，将保密法治建设融入到本单位保密工作整体谋划和部署中，使保密法治建设开展起来有抓手、能落地。作为保密干部、涉密人员，则要切实明确自身承担的保密责任，树立保密法治意识，坚守底线，不越红线，坚决杜绝工作、生活中违反保密法律法规的情况发生。

(二)强化依法治密，建立健全保密工作制度

保密工作是一项依法依规开展的工作，原则性很强。因此，较为完备的保密工作制度体系是高校规范、高效、有序开展保密工作的依据和前提，也是高校保密法治建设的重要基础。

首先，要严格遵循国家保密法律、法规和规章等。现行的保密法、保密法实施条例以及相关的保密法律法规等是高校建立自身保密制度的基本遵循。高校在建立保密制度时，首先要确保其符合和体现国家保密法律法规等主要内容和精神，不能与其相悖。

其次，要建立科学、全面的保密工作制度体系。在制度建设中要注重前期调研，紧密结合工作实际。拟建立的制度要能覆盖本校保密工作涉及的全部业务领域，确保相关保密工作开展有据可循。同时，各项保密工作制度之间要在内在逻辑上相统一，做到严谨、规范和科学。

最后，要注重保密工作制度的时效性和可操作性。要建立保密工作制度动态清理机制，及时对制度进行立、改、废，比如要根据保密工作中的新问题、新情况，及时对制度进行修订和完善，确保制度在解决实际问题方面发挥作用；要注重制度的可操作性，制度的内容要做到清晰具体、指向明确，同时在制度中可以提供相应的工作表格，使师生能迅速掌握具体流程和要求，便利师生办理相关手续。

(三)狠抓关键环节，依法依规开展保密管理

依法管理国家秘密是法治理念在保密工作领域的具体化，是全面推进依法治国的必然要求。按照党中央、国务院部署要求，高校要积极承担起保密主体责任，切实将依法管理的理念贯穿国家秘密的确定、变更、解除、管理、

保护全过程，不断提高保密管理法治化、科学化、规范化水平。在各类保密管理工作中，要狠抓以下两个关键环节：

一是依法规范定密。定密是保密工作的源头和基础，直接决定了保密工作能否精准、高效、科学地开展，十分重要，但在实际工作中却面临不少困难，主要体现在定密过多过滥、定密不准、只定不解等方面。但是，高校要迎难而上，始终牢牢抓住定密这个关键环节，要着力加强对定密工作的研究，严格落实定密责任人制度，加强定密工作培训，积极推动密点分析、解密试点等工作，逐个破解定密工作中的痛点难点，以定密工作的提升进而推动整体保密工作的法治化、规范化水平再上新台阶。

二是加强涉密人员管理。做好保密工作最关键的因素是"人"。涉密人员是保密管理的核心要素，高校要始终把依法加强涉密人员管理作为关键点，加强对涉密人员上岗、在岗、离岗全过程的保密管理，特别是对上岗前的审查和保密教育，在岗期间的因公因私出国(境)、发表论文或对外提供资料、定期复审、重大事项报告，离岗前的涉密载体移交、保密承诺等环节强化管理，从而有效实现涉密人员全方位、闭环式管理，真正"管住人、管好人"，力争将失泄密风险降到最低。

(四)弘扬法治精神，多举措实施保密法治宣传教育

保密法治宣传教育是保密法治建设的重要阵地，高校应积极采取丰富多样的保密法治宣传形式，营造良好的保密法治氛围，强化保密干部、涉密人员等重点对象的保密法治意识，让保密法治观念深入人心。

对于全校广大师生，应以活泼生动的形式、新颖丰富的内容开展好普适性的保密法治宣传教育。可采取发放保密宣传资料、播放保密短视频、微信推送保密法治知识、开展保密法治知识竞赛等形式，重点宣传保密法律法规、保密法治常识等，使广大师生在潜移默化中树立保密法治意识，形成校园整体良好的保密法治氛围。

对于保密干部、涉密人员等重点人群，应以提高其保密法治意识和依法治密能力为主要目标。可采取组织参观保密实训平台、举办保密专题讲座、

开展保密专题培训等形式，重点加强对保密法、保密法实施条例、国家新出台的保密法律法规、本校各项保密工作制度等解读和培训，从而提升其依法治密的能力和素质，切实为其解决好保密工作的相关问题奠定基础。

三、结　语

当前，"两个大局"和推进国家治理体系和治理能力现代化对保密工作提出了新的更高要求，也赋予了新的使命。作为高校，要肩负时代重任，把握时代脉络，以学习贯彻习近平新时代中国特色社会主义思想和党的十九大精神为强大动力，牢记使命、砥砺前行，在推进依法治国的大背景下，抓住新时代保密法治发展的历史机遇，努力深化保密法治建设实践，不断探索保密法治建设路径，为切实强化高校师生保密法治意识，创建高校保密法治建设新局面，提升国家秘密治理效能而不断奋进。

参考文献

[1] 田静：《坚持依法治密　推进新时代保密工作转型升级》，《保密工作》2018 年第 9 期。

[2] 本刊评论员：《坚持依法治密　推动保密工作转型升级》，《保密工作》2018 年第 8 期。

[3] 任仕坤：《浅析新时代高校保密法制教育工作》，《法制与社会》2021 年第 3 期。

[4] 本刊评论员：《加强保密法治建设任重道远》，《保密工作》2020 年第 9 期。

[5] 张莉莉：《依法治密是时代的必然要求》，《新华日报》2020 年 9 月 29 日，第 16 版。

依法治校视野下
高校学位评定委员会的职责定位与优化路径

徐　晴

（武汉大学信息管理学院）

摘　要： 在学位立法缺失的前提下，高校学位评定委员会肩负着对学术问题进行实质审查的职责。随着学位制度的深化改革和高等教育的迅猛发展，这种职责定位难以适应现实需要。通过回顾学位评定委员会职责的历史演进，分析学位评定与授予的现实困境，从实践角度提出优化学位评定委员会职责体系的路径，更好发挥高校学位评定多元主体的作用。

关键词： 学位评定委员会；学位评定分委会；答辩委员会；依法治校

一、引　　言

学位授予是高校或科研机构接受学位申请者的申请，审核并决定向其授予学位的活动和过程。《中华人民共和国学位条例》（以下简称《学位条例》）规定，学位授予单位应当设立学位评定委员会。《中华人民共和国学位条例暂行实施办法》（以下简称《实施办法》）对其职责、组成、任期、设置作了规定。学位评定委员会按学科门类设置若干分委员会，协助学位评定委员会的工作。学位评定委员会日常工作由学位评定委员会办公室或研究生院（部、处）负责，由此确立了其作为高校学位管理法定机构的职责定位。

1999 年，田某诉北京科技大学案开启了学位授予纠纷的大幕，此后出现多起社会影响广泛的学位纠纷案，如翟某某因学术不端被撤销博士学位、柴某某因资格论文没达到学院标准未获博士学位等。这些案件引发了对学位授予标准和程序、实质审查与形式审查、学位授予争议处理等的讨论，学位评定委员会作为学位授予权的执行主体也引发社会关注。鉴于此，本文将从实践角度，对当下学位评定与授予工作的困境进行探讨，针对性地提出应对建议。

二、学位评定委员会职责定位与组织性质

1981 年出台的《学位条例》创设了学位管理相关制度，根据条例，高校学位评定委员会被赋予组织、批准、复议、撤销等实质性审查职责。《实施办法》是对《学位条例》的落实与细化，列举了学位评定委员会的九大职能，如审查通过接受申请硕士学位和博士学位的人员名单；确定硕士学位的考试科目、门数和博士学位基础理论课和专业课的考试范围；审批主考人和论文答辩委员会成员名单等。同样意味着学位评定委员会具有实质性审核的微观职责。之后《国务院学位委员会关于做好博士研究生学位授予工作的通知》进一步规定，学位评定委员会和分委员会对答辩委员会作出决议授予博士学位或需修改论文者，应逐个对其政治思想表现、课程考试和论文答辩等情况进行全面的审核。可见，现有学位政策法规框架下，学位评定委员会对各类专业问题进行实质性审查。

依据《实施办法》授权条款，高校可制定本校学位授予工作细则，设立校学位评定委员会、院系学位评定分委会，部分高校还设有学部学评会。以某双一流大学为例，学校制订有《学位授予工作实施细则》，设校学位评定委员会，按六个学部(人文科学学部、社会科学学部、理学部、工学部、信息科学学部、医学部)设学部委员会，明确了学部委员会是校学位评定委员会的派出机构，行使其部分职能，院系设学位评定分委员会，并赋予三级学评组织具体职责，制定了运行规则，对学位申请标准、学位论文要求、论文答辩、学

位档案等作出规定。

可见，学位评定委员会已形成具备行政权与学术权的复合机构。行政权是外在表征。《学位条例》将学位授予权赋予高校，《教育法》第 23 条也规定，依法对达到一定学术水平或者专业技术水平的人员授予相应的学位，颁发学位证书。高校作为授权行政主体，代表国家颁发学位证书，学位评定委员会是学位授予权的行使主体，做出的决定对学位申请人的受教育权、发展权、就业权具有重要影响。

学术权是其内在实质。学位评定委员会做出授予或撤销学位的决定，前提是看申请者是否达到相应学位要求的学术水平，而学术评价是以学术自由为基础的学术判断，是学术权力行使的主要途径，"专业的和学者的专门知识是一种至关重要和独特的权力形式，它授予某些人以某种方式支配他人的权力"。学位评定委员作为实质性行为主体，以委员会集体名义行使学术权力，做出学术判断。

三、学位评定委员会职责变革的现实动因

学位评定委员会的实质审查职责定位，立足点是充分保证学位授予质量，但随着我国高等教育的迅猛发展，这种制度设计和职责体系难以自洽，无法适应现实需要。

(一)现行学位管理法律法规落后于实践

1. 授予标准笼统模糊

《学位条例》中学位授予标准包含学术标准和品行标准。学术标准包括基础理论、专门知识、科学研究、专门技术、创造性成果等，品德标准如"拥护中国共产党的领导、拥护社会主义制度"、"有舞弊作伪等严重违反本条例规定的情况……"，这些基本条件不具备实操性，近些年学位纠纷案件主诉之一就是授予标准界定不清，英语水平、考试作弊、学术不端、成绩条件、学分

条件等均列为学位授予条件。法律条文的缺失，使得学位司法实践中，出现同案不同判，如有法院认为受处分属品德存在瑕疵从而支持不授予学位，也有法院认为受处分不能归到品行问题，认定其与学位挂钩的做法违法。

2. 主体职责界定不清

学位评定授予过程存在多元主体和层次安排，在柴某某案中，上海大学以柴某某发表的学术论文不符合所在学院资格论文要求为由，由学院秘书以社交软件方式驳回其博士学位申请。法院最终判决上海大学对柴某某博士学位申请未组织校学位评定委员会进行审核评定的行为违法。这一判决否定了作为协助机构的院学评分会，在行使学位评定权力过程中遵循的相关实体性规定或程序性要求的合法性和正当性。刘某某诉北京大学案中，学位评定委员会坚持实质审查，推翻了院学位评定分委会通过的拟授予学位决议，引发当事人的强烈质疑。这些案件带来关于校院两级学评组织职责定位的思考，具体从事资格审查、答辩管理及学位授予提名等工作的院系，其工作从主体、行为到程序，缺乏有效的法规界定和规范指导。

3. 程序审查规范缺乏

学位授予程序审查至少包括两点：一是学位授予标准经过正当程序，即经学位评定委员会审议通过并予以公布。未经其通过，直接以校长办公会等其他机构发布的学位授予标准，在制定程序上已违法。二是做出不授予或撤销学位的行为要符合正当程序，程序违法已成为学位授予单位败诉的主因，在9起败诉案件中，有7起源自程序不合法。

(二) 高校内部治理重心逐渐下沉

学院是大学四大职能的具体承担者，对本学位点进行学位授予评定是行使学术自主权和行政管理权的重要体现。当前学位评定与授予组织包括校院两级学位评定委员会、学院审核部门、研究生院(处)、学术委员会及答辩委员会，涵盖导师、校内外同行专家以及行政人员等。在该链条中，院系承担了大部分工作，发挥实质审查的功能。校-院是委托与被委托的关系，学院代表学校行使大部分学位评定权力，法律后果由高校承担，学院在学位评定中的权力具有正当性和必要性。从实践需要与对应授权而言，急需改变校级层面的"有名无实"与学院层面的"名不正言不顺"的状态。

(三)学科专业不断细化突显学位评定的学术性和专业性

学科目录高校开展学位授予与人才培养工作的基本依据。《学位条例》实施以来，我国共有五次学科目录的制定与更新。最新的学位授予与人才培养学科目录(2018)包含了 13 个学科门类，111 个一级学科，另有 47 个专业学位。此外，今年 6 月，教育部公布了备案的《学位授予单位(不含军队单位)自主设置二级学科和交叉学科名单》，名单涉及 455 所高校，5669 个二级学科和交叉学科。如此多的学科专业，突显了学位授予的学术性和专业性。《实施办法》对学位评定委员会的数量、职称、资质等进行了规定，但未体现专业性要求。专业背景的局限，使委员难以对其他专业作出学术评价，遑论审查把关。可见，尽管学位评定委员会理论上是学术性与行政权的行使主体，但其成员来自不同二级学科，无力对未涉足的领域进行学术判断。正如刘某某案中所陈述，"校学位评定委员会的人员组成及其人员的知识结构决定了其审查不可能是实质性审查"

(四)各学位层次毕业生规模极速扩张

依据《学位条例》，学位评定委员会对学位申请行使批准权、复议权等，许多高校在学位授予细则中进一步确认了实质审查职责，《华北电力大学学位授予工作细则》第 24 条、《武汉理工大学学位授予实施办法》第 20 条、《华东理工大学学位授予工作细则》第 20 条等均规定学位评定委员会对院系分委会报送的学位申请负有"逐个审查"或"全面审核"的权责。强化学位评定委员会实质审查权的政策出台于上世纪 80 年代，彼时高等教育规模极为有限，权责定位尚具可行性。1978 年，我国研究生招生规模仅有 10708 人，随着招生规模的不断扩大，至 2017 年，增加到了 806103 人，2020 年，其规模达到 110 万人左右。与此对应，各学位层次的毕业生极速增长，学位评定委员会不可能按当初设计的那样履行职责，发挥功能。

四、学位评定委员会职责体系的优化路径

(一)国家层面

学位事关国家对人才培养质量的控制，须由法律作出规定方能体现权威性和严肃性。现行的《学位条例》为构建中国国情的学位制度，培养高层次人才奠定了坚实的法律基础，但已不适应高等教育改革与发展的需要。1997年，学位条例修订工作就已启动。2018年，学位法被列入全国人大常委会立法规划；今年3月，《中华人民共和国学位法草案》公开征求意见。学位法将充分反映40年来学位管理的成功经验和实践反思，注重实体内容，在程序上进行丰富，要明确学术自由，保障高校在学位授予中的学术自治；界定学术不端与学位的关系，填补法律空白；规定学位授予程序要件，对多元主体的职责作出合理安排；对学位申请人的权利作出保障，使其依法享有陈述权、申辩权和申诉权。

(二)学校层面

学位评定委员会作为高校学位授予的权威机构，通过以下几方面来履行其职责。一是制定标准。学位法律法规不能满足现实需要，单纯把任务下放院系自行解决也并不科学，为此，要利用专业化队伍和多领域的人才优势，结合办学层次、类型和实际情况设定本单位学位授予标准，针对共性问题及时出台政策，给院系学位授予工作提供指导。

二是监督管理。学位授予的关键环节是各学科专业把关，高校内学科专业众多，单纯依靠自律不够，还需学位评定委员会发挥监督管理作用。通过检查分委会、答辩委员会及前置审查环节的工作，及时给予有效督导，要审查是否组织严谨，遵循正当程序，如组成人员、议事过程、表决方式等；投

票结果是否存在错漏，学位材料是否齐备；撤销或不授予学位的事由是否合理，是否赋予当事人程序权利等。

三是履行程序。学位评定委员会要对答辩委员会与分委会的评定结果及推荐人选进行程序审查，即院系对学位授予进行实质性审查，学校对学位授予进行形式性审查。学位评定委员会履行批准职责，意味着学位授予的小结，申请者已走完流程，最终将被授予学位。

四是处理争议。学位纠纷的不少案件以高校败诉告终，暴露出高校在学位管理中的问题，同时反映出高校对程序重视不够，没有提供有效的内部权利救济渠道。学位授予争议不可避免，作为独立于院系与学位申请者的学位评定委员会，可作为程序公正者为双方提供一个公正的程序，"程序参与者一旦同意了程序，无论是何结果，都必须接受所同意的程序所带来的结果，它提供了一种冲突双方可以更容易接受最终结果的方式"。通过合适方式及时将纠纷化解在诉讼前。

(三)学院层面

如前所述，学位评定委员会应从实质审查的微观事务中解脱出来，为此要突出院系学位评定相关机构的作用，完善同行评审机制及工作规范。

成立机构。学位评定委员会按学科门类设置分委会，分委会多来自不同二级学科的专家集体。以某双一流学科所在学院来看，学院有管理学门类下的2个一级学科，其中图书情报与档案管理一级学科下有图书馆学、情报学、档案学3个目录内二级学科，出版发行学、信息资源管理、保密管理3个自设二级学科，数据科学1个自设交叉学科。管理科学与工程一级学科下亦有管工、电子商务2个二级学科，另有图书情报、出版、工程管理3个专业学位。如此多的专业，在非二级学科组建的分委会上，意味着同样无法保证专业性评价，充分发挥导师把关作用，尊重答辩委员会的判断和决定显得尤为重要。分委会是联结学位评定委员会和答辩委员会之间的桥梁，三者是一种委托代理关系，呈现出微观-中观-宏观的管理视角，答辩委员会负责对学位论文水平作出判断，分委会负责非学位论文事项的审查，校学位评定委员会对二者具有检查监督权，进而作出学位授予的批准决定。

制定标准。《学位条例》给予了原则性标准，高校制订的是基础性和兜底性的校级学位授予标准，学院在被授权的前提下，可结合实际细化学位授予标准和程序。学院通过规定发表论文的数量和期刊载体的方式来评价学术水平，是被赋权的学术自治范畴。设置标准要注重程序规范，科学合理，提前周知适用范围，一旦发生因科研成果认定未通过、成绩学分等未达标，论文查重率未通过等情形而驳回学位申请，需特别注意综合设定相关救济程序。在当前"破五唯"背景下，一批高校试行不再以学术论文作为评价博士生学术水平的唯一标准，而是多元化的创新成果标准，即高水平期刊论文外，还可以学术专著、咨询报告、发明专利、科技奖励、高水平工程设计、高水平新诊疗方案等创新成果申请学位，此举为学位标准制定开创新思路，打开新局面。

组织实施。学位申请者获得学位，需经过课程考试、学分审核、思想表现考核、科研成果审查、论文查重、盲审、答辩、多级学位评定等诸多环节。其中学位论文审核把关是关键：一是导师环节。导师是经过遴选出的某一专业领域的专业人士，负有保证学位论文质量的责任；二是论文送审环节。论文送审从操作程序到规则设计已比较成熟，在答辩前送给同行专家实行双向匿名评审，有效防止劣质论文蒙混过关；三是选聘同行专家组成答辩委员会进行论文答辩，一般五人以上，并由校外专家作为主席主持工作，每篇学位论文逐个答辩后，需就是否授予学位作出决议；四是分委会的审查把关，以决定是否向学位评定委员会推荐。

总之，在学位制度深化改革，依法治教理念深入人心的新形势下，高校学位授予与评定工作遇到诸多问题和挑战，需要积极思考与应对，从国家、高校到学院、导师层面采取科学合理的措施，使学位评定与授予工作越来越规范，学位管理法治化得到更大的促进和发展。

参考文献

[1]中华人民共和国学位条例暂行实施办法[EB/OL]. http：//www.moe.gov.

cn/s78/A02/zfs__left/s5911/moe_620/tnull_3133. html.

[2]伯顿·H. 克拉克. 高等教育系统—学术组织的跨国研究[M]. 王承绪等，译. 杭州：杭州大学出版社，1994：121.

[3][6]王霁霞，张颖. 设定学位授予条件的边界与标准——基于近三年 34 起学位授予案件的分析[J]. 学位与研究生教育，2018(11).

[4]刘永林. 高校二级学院学位授予权力行使的边界及其规范——从柴某某诉上海大学博士学位评定纠纷案切入[J]. 中国高教研究，2021(8).

[5][8]刘燕文诉北京大学不授予博士学位案[EB/OL]. https：//www. china-court. org/article/detail/2003/11/id/93787. shtml.

[7]学位授予单位(不含军队单位)自主设置二级学科和交叉学科名单[EB/OL]. http：//www. moe. gov. cn/jyb _ xxgk/s5743/s5744/A22/202108/t20210820 _ 552722. html.

[9]靳澜涛. 高校学位评定委员会的权力错位及其立法归位[J]. 高等教育研究，2020(11)

[10]黄宝印等. 继往开来，坚定自信，促进研究生教育高质量发展——纪念研究生教育恢复招生 40 周年[J]. 研究生教育研究，2019 (1).

[11]谢艺等. 程序结果救济制度的理性设计[J]. 东方法学，2013(3).

关于高校信息公开范围界定的浅析

张润娟

(武汉大学党政办公室)

摘　要：高等学校信息公开是国家信息公开的重要部分内容，从高校信息的内涵、理论基础以及影响高校信息公开范围因素等方面进行分析，发现问题并给出建议，从而进一步完善高校信息公开制度。

关键词：高等学校；信息公开范围

2010 年 4 月教育部颁布《高等学校信息公开办法》(下文简称《办法》)，明确规定了高校信息公开的内容、途径、要求和监督，为推动高校公权力的行使走向合法、公开、透明提供了有力的制度保障。其中，高校信息公开范围的大小决定了信息权利主体知情权与监督权的实现程度，也是高校开展信息公开工作的重心部分。

一、高校信息的内涵

按照《办法》的规定，高校信息是指高等学校在开展办学活动和提供社会公共服务过程中产生、制作、获取的以一定形式记录、保存的信息。

《办法》第 29 条第 1 款规定："本办法所称的高等学校，是指大学、独立设置的学院和高等专科学校，其中包括高等职业学校和成人高等学校。"从而可以得知，高校信息的范围既包含公办高校的、也包含民办高校的信息。

高校信息来源是具有独立地位的法人——高等学校。由于高校所属二级单位不具备法人身份，那么二级单位产生的信息应归属于高校。有些高校二级单位是具有独立事业法人身份的，但使用独立事业法人身份所产生的信息是不属于高校信息范畴。

从来源过程看，高校信息产生于高校开展办学活动与提供社会公共服务过程中。办学活动不单单指开展教学科研活动，还包含开展与教学科研活动密切相关的人事、财务、基础建设、后勤等行政管理活动；社会公共服务是指高校依托其自身资源，直接对外进行服务的活动，主要包括提供教育拓展服务、科研服务、产学研联合体、公共资源服务等；从来源产生方式看，高校并不承担根据申请人需要而对信息进行加工的义务，产生信息的基础行为是一次行为，并非二次行为，那么高校信息是原始性的；从来源载体看，高校信息需以有形载体记录、保存的。尽管载体是形式，信息是实质，但没有载体记录信息具有不确定性，高校无法予以提供。无载体固定的流传信息，不属于高校信息。

二、高校信息公开的理论基础

高校信息公开涉及政治学、法学、经济学、公共管理学、信息管理学等多个学科，从不同角度为高校信息公开研究提供充实的理论基础。

(一)人民主权

我国《宪法》第二条规定："中华人民共和国的一切权力属于人民。"人民是主权的享有者。政府机构既然从事的是公务活动，就负有向享有国家权力的主人公开其掌握的公共信息的义务，政府及相关公共企事业单位必须及时公开政府及事务信息，来保障公民的权益，增进公民的利益，自觉接受人民的监督。高校信息公开作为信息公开重要的一部分，也应该将高校在各类活动中必须将所获得的信息采取最低成本、最为便捷的方法，确认的公开给大众。

（二）公民知情权

知情权是指公民、法人及其他组织依法所享有的要求国家机关、公共机构等公开信息的权利，以及在法律不禁止的范围内不受妨害地获得各类信息的自由。知情权并非一种单一的权利，而是一种权利的集合，主要包括知晓的权利、申请的权利、更正的权利和救济的权利。对高等学校信息公开而言，《高等学校信息公开办法》第一条的内容中虽然没有出现"权利"字样，但隐晦的确认了公众的知情权。知情权保障力度可以从《办法》中主动公开的十二项信息和依申请公开的信息体现出来。换而言之，高等信息公开的范围越大，公众获取的信息越多，知情权的实现程度也就越高。

（三）隐私权

隐私就是指公民与公共利益无关的个人私生活秘密，是公民不愿公开或不愿为他人所知的个人身体或私生活的秘密信息。常见的包括三类，分别是个人资讯信息、个人活动信息、个人空间。隐私权是一种人格权，公民可以自由支配自己的个人信息，有权利决定自己隐私公开还是不公开；同时隐私权还是一种绝对权，包括政府在内任何任何单位都不得侵害。《办法》从隐私权的层面上对高等学校信息公开范围进行限制，禁止高等学校在没有取得个人同意前或者高等学校未对公开后果做出判断而公开私人的信息，从制度层面上基本维护了高等学校信息公开与个人隐私权保护的平衡。

（四）利益相关者参与权

利益相关者本是经济学和企业管理中的概念，随着现代大学治理理念的发展而延伸至高等教育领域。现代大学制度的核心特征是大学与经济社会发展需求的适应性。高等教育作为一个领域，涉及学生和教职工等直接利益群体。高校不仅要承担起为政府培养人才、传承与创新文化的职责，还要广泛参与社会经济生活，与社会形成契约关系：校企合作、校地合作、产学研结合等形式，履行相关义务，服务地方和企业的发展。因此，高校作为一个多种利益合作与冲突的载体，需要建立一个完善的信息沟通机制，权衡不同利益相关者的要求，让利益相关者及时地获取学校的教育管理与社会服务信息，在相互合作中实现和保障所有利益相关者的权益，促进高校与社会良性、互动发展。

(五)信息资源共享理论

信息公开与信息共享是相辅相成的，信息共享的基础是信息公开，而信息公开的结果与目的就是为了信息共享。因此信息公开不仅具有民主价值，同时还具有因共享从而降低获得信息成本的经济价值。

在传统模式下，由于掌握信息独占权，就能获得利益和业绩，因此信息垄断现象呈现常态化。其实信息被利用得越充分，其产生的收益就越大，所以在现今信息高速发展的时代，应通过打破部门之间的壁垒，建立协同工作，实现信息资源的共享，推进信息进一步有效利用，产生更大的价值。高校信息公开本身就是要实现最大范围的信息共享，因而高校信息公开运作机制设计中，应当重点关切信息共享的实现方式、途径和范围。

(六)信息不对称理论

信息不对称理论来自微观经济学，它最初是指在市场经济中，因相关市场主体对信息的了解存在差异，导致决策所依赖的信息在个体之间呈现不对称、不均匀分布的状态。在高等教育领域，信息不对称现象同样存在。高校作为社会组织，其搜集获取高等教育相关信息的能力远远胜于社会公众，也是信息不对称中占优势的一方。高校信息公开是解决高校信息不对称问题的有效机制，明确高校信息公开的范围，可以让高校信息从高校均匀地辐射到政府、社会和个人等信息受体上，推进高校信息均衡化，增强对高校活动的监督，从根本上促进高等教育健康有序发展。

三、影响高校信息公开范围的主要因素——高校自治权

高等学校信息公开是由政府层面延伸过来的，是发展的必然趋势，与政

府机关相比还是不完全相同的。高校拥有办学自主权在我国《高等教育法》中曾有明确规定，高校在管理方面拥有着一般政府部门所不具有的自治权。但不能以大学自治为借口使得高校逃避履行信息公开的义务，而是应通过公开来接受社会和政府的监督。《办法》作为我国首部专门规范高等教育领域信息公开的部门规章，在促使高校最大程度地向社会公众公开相关信息的同时，也赋予了高校对自治范围内信息公开与否进行自由裁量的权力。信息自由与学术自由范围边界既要遵循大学自治的精神又要符合法治的要求，这样才可以进一步提升高校运行透明度，从而维护大学自治的权威。

四、高等学校信息公开范围的构成

高校信息公开范围由主动公开范围、不予公开范围和依申请公开范围构成。

在主动公开范围方面，《办法》在第 7 条结合高等教育的特点，按信息的性质对高校应当主动公开的信息进行了概括式规定。2014 年发布的《高等学校信息公开事项清单》较全面地总结了高校应当主动公开的项目，对高校主动公开信息进行进一步明确化和具体化。主要包括基本信息、招生考试信息、财务资产及收费信息、人事师资信息、教学质量信息、学生管理服务信息、学风建设信息、学位学科信息、对外交流与合作信息和其他信息等在内的 10 大类 50 条内容。

在不予公开范围方面。分别在《办法》的总则和分则条款有相应的规定。在总则部分，除了包含《中华人民共和国政府信息公开条例》(以下简称《条例》)规定的不得危及国家安全、公共安全、经济安全和社会稳定外，增加了学校安全稳定的要求。在分则部分，除了包含《条例》规定的不得公开涉及国家秘密、商业秘密、个人隐私的信息外，增加了学校规定不予公开的其他信息。但增加的"学校规定不予公开的其他信息"颇有争议，该规定弹性过大，有违法制统一原则，突破了《条例》上位法规定。但从保障高校自主权的角度讲，高校自主决定不予公开范围又有其存在的合理性。

在依申请公开范围方面。依申请公开是信息公开制度的拱心石。依申请公开范围主要包括除高校已规定主动的信息外，公民、法人或者其他组织根据自身学习、科研、工作等特殊需要，以书面形式(包括数据电文形式)获取高校在开展办学活动和提供社会公共服务过程中产生、制作、获取的以一定形式记录、保存的信息。依申请公开是对主动公开范围的补充，二者在一定条件下可以相互转换，具有可调整性特征。

五、界定高校信息公开范围中遇到的问题

(一)公开意识淡薄

虽然信息公开的观念正在逐渐形成。但受传统思想的影响，义务公开主体缺乏信息公开是义务和职责的法律观念，往往容易将公开范围降层化，进行选择性公开。

(二)不予公开范围指代不清晰

《办法》中"法律、法规和规章以及学校规定的不予公开的其他信息"的条款是授权予高等学校在信息公开领域的自由裁量权，但并未指明是法律未明确公开或不予公开的信息，还是限于法律所明确规定由高等学校自行决定公开与否的信息。这与公众的知情权的实现有密切的关系。

(三)个人隐私信息范围界定的缺失

《办法》第十条第三项规定涉及个人隐私的信息属于豁免公开范围，只有在经过权利人同意公开或者高校认为不公开可能对公共利益造成重大影响的，可以予以公开，否则不能擅自公开此类信息。而对于个人隐私信息的相关定义与具体范围却没有详细的明文规定。目前在我国现行的法律法规中，并没有专门的法律法规对涉及个人隐私的信息作出详细规定。因此，高校在处理

信息公开的过程中，容易对个人隐私信息概念作扩大解释，从而拒绝公开信息，造成在一定程度上影响了权利主体知情权和监督权的落实程度。

六、完善高等学校信息公开范围的建议

(一)树立高等教育信息公开法治观念

学校各级领导要从思想上认识依法治校是办好人民满意教育的必然选择，全面推行高等学校信息公开是实现民主治校、依法治校的有效途径，是实现高等学校决策科学化的重要举措；学校师生员工要有健康的法律文化心理积淀，并意识到信息公开制度的良性实施也有助于维护自己的切身利益。

(二)建立高等学校公开动态监督机制

主动公开信息的范围是高校信息公开工作的核心问题，同时也是社会公众最为关心的内容。通过建立起对公开的动态监督，使高等学校公开在整个信息公开过程中都受到监督，并审查高校需要公开的信息是否属于公开范围，及时将不属于公开范围的无关信息剔除出去，处理好公开与不予公开的关系，提高高校信息公开的质量。

(三)规范个人隐私信息的规定

规范高校信息公开工作中对涉及个人隐私信息公开与否的规定，结合国外经验以及我国高校信息公开的具体情况明确个人隐私信息的界定标准，对涉及个人隐私的信息豁免公开条款作了具体、严格的限制。

参考文献

[1]刘杰：《知情权与信息公开法》，清华大学出版社2005年版，第48页。
[2]朱芒：《公开事业单位应如何信息公开》，《中国法学》2013年第2期。

[3]李博、马海群：《我国高校信息公开的特点、原则、主要问题及相关制度建设》，《现代情报》2011 年第 3 期。

[4]都基辉，胡智林．信息公开对于高校依法治校的促进作用探究．中国高等教育，2015(11)．

依法治校背景下的学术治理体系构建

曾　峥

（武汉大学发展规划与学科建设办公室）

摘　要：高校以教授治学为核心的学术治理体系是高等教育规律与我国社会主义制度相结合的产物，是落实党的教育方针的内在要求和重要抓手。依法治校和学术治理体系在完善高校决策、执行、监督权力制约与协调机制等方面均内涵一致、理念契合。高校学术治理体系在高校自治的过程中，由于法治文化缺失、相关规定操作性不强、学术组织机构不健全等原因导致实际效能难以发挥，教授治学难以落到实处。在依法治校背景下，构建和完善高校学术治理体系需要转变思想观念，完善组织机构和相关制度，出台指导性的程序规则。

关键词：依法治校；学术治理；教授治学；学术组织

2021 年 4 月，教育部印发了《高等学校法治工作测评指标》，要求高校提高学校法治工作规范化、科学化水平，服务学校高质量发展。在内部治理结构一级指标下设"健全学术规范和学术委员会运行机制"作为二级指标，并根据以下三个评分点——"高校是否依照《高等学校学术委员会规程》的要求组建学术委员会，并制定章程和议事规则；是否积极发挥学术组织在学术事项上的决策、审议、评定和咨询等职权；是否建立学术争议和学术不端处理机制"来衡量高校内部治理结构的完善程度。从教育部的要求不难看出，构架科学、民主的学术治理体系可以从宏观和微观两个层面同时推进依法治校。它既是教育行政部门对高校构建学术治理体系的依法治理，也是高校在民主法治精神指导下，依照法律法规科学规范地进行高校自治。

一、依法治校和学术治理的内在联系

从《高等学校法治工作测评指标》的指标体系架构中，不难看出以教授治学为核心的学术治理体系是高校内部治理结构中不可或缺的一部分。学术治理体系的构建是高校基于教育发展规律和国内发展实际开展内部治理结构改革的新手段，它聚焦于提高教师群体在学术事务中的话语权和主导性，助力于高校治理能力的提升和现代化。

(一)完善高校内部治理的监督机制

依法治校离不开民主管理，对于高校自治而言，内部治理的主体是学生和教职工，其中教职工主要包括教师、专业技术人员、行政管理人员和工勤人员。调动高校内部各主体，尤其是教师和学生的主动性与积极性，让他们积极参与到高校的治理中来才能真正实现依法治校要求的民主管理。和依法治校一样，以教授治学为核心的学术治理体系也需要激发教师在学术事务管理上的积极性，他们作为高校成员中最熟悉高等教育发展规律的一个群体，管理学术事务当之无愧、当仁不让。

完善监督机制是高校依法治校的一项重要内容和关键指标，以教授治学为核心的学术治理体系和教代会制度一样，能够让学校各主体通过参与高校治理、在学校重大事项决策上发声等机制来监督管理者权力，既避免了高校中一些强势的行政部门以权代法，也避免了高校行政权力对学术事务的过多干预，有利于提高高校内部重大事项决策的科学性和民主性，完善高校内部的监督机制，实现依法治校、依法自治。

(二)平衡学术权力与行政权力

目前，国内高校内部治理结构经过多年的修葺与完善，已经基本破除了长期以来行政权力与学术权力相互对立的局面，但学术组织在高校内部治理中处于弱势的位置、学术组织的决策落实的不够充分、学术组织在很大程度上受控于高校的行政部门等问题仍然存在。这些问题根源于传统的治理结构对高校学术本质的漠视，必然也会阻碍高校内部治理的现代化进程。科学的内部治理结构依赖于以教授治学为核心的学术治理体系的崛起，为行政权力划定边界才能保障学术权力在高校内部治理中应有的咨询、评定和审议权，实现依法治校。

以教授治学为核心的学术治理体系能够突出学术组织在高校教学活动和科研活动中的主导地位，破解高校行政力量干涉学术事务的难题，充分发挥教授在高校内部决策和事务管理中的作用。这并不意味着学术权力可以突破边界自由发展，与行政管理部门一样，学术组织也需要在依法治校的边界内行使权利、履行义务。高校内部治理需要平衡行政权力与学术权力，既做到依法行政，也做到依法办学，让行政管理和学术管理在法治框架下相互促进、共谋发展。

(三) 确立师生的主体地位

依法治校要求高校落实教师和学生的主体地位，从师生的合法权益出发，尊重、保护其切身利益。这不是简单地在大学章程中加上一条"参与学校的民主管理"作为教师享有的权利，而是要出台相关的规章制度、深化校院综合改革、优化运行体制机制来创造条件满足教师为学校改革发展和重大事项提出意见和建议的诉求。落实到高校内部治理结构完善中就是要突出教师在学校管理，特别是学术事务管理中的重要地位。

以教授治学为核心的学术治理体系是落实教师主体地位的重要抓手，它自身的运行逻辑就是赋予教授在教学、科研等学术事务中的决策权和话语权。作为高校中"传道授业解惑"的主体，教授是高校学术事务治理的最佳候选人。

二、构建学术治理体系的困境

受中国历史文化的影响，我国高校此前一直行政化色彩浓厚。尽管近些年大部分高校都积极参与到内部治理结构改革和完善中，但在思想根源上，不仅行政管理干部没有意识到依法治校的重要性，学术群体自身也尚未觉醒，以教授治学为核心的学术治理理念也未深入人心。在高校治理过程中，学校领导"人治"传统思想根深蒂固、学术群体缺乏依法独立治学的责任和担当，都让学术治理体系的构建显得道阻且长。

（一）相关法律法规操作性不强

中华民族的传统文化中一直强调做事情要"名正言顺"，在实际工作中就是要有法可依、有据可查。对比中外高校关于学术治理体系的法律依据，国内的相关法律法规大多停留在宏观知道层面，缺乏具体的可操作性。

以笔者曾访学的美国杜克大学为例，学校出台了《杜克大学教师手册》《杜克大学学术委员会章程》《杜克大学管理运行机制概况》《杜克大学管理科研不端行为的政策和程序》等规章制度，对学术自由的保护、大学教师的权利和义务均做出了详细的说明和明确的界定。在我国，虽然《中华人民共和国高等教育法》《高等学校学术委员会规程》等法律政策文件对高校学术委员会、教师权利义务等有所涉及，但对于学术治理体系的运行机制和操作办法都缺乏具体、明确的指导，导致以教授治学为核心的学术治理体系在高校办学中难以发挥作用。法律是规范大学运行的基本保障，没有可操作性的法律法规，运行机制就难以正常运转，甚至在具体问题的处理上发生偏差。要构建以教授治学为核心的学术治理体系并能在高校依法办学中发挥实效，出台相应的极具操作性的法律法规是当务之急。

（二）学术治理体系运行平台缺位

目前，国内高校基本已经按照《高等学校学术委员会规程》的要求陆续成立学术委员会或教授委员会，并在章程中确定其最高学术机构的地位。然而，在实际运行中，这些学术组织往往缺乏独立的办事机构，大多挂靠学校其他职能部门(发展规划办公室、学科建设办公室或者科技处)，依附于行政力量开展工作。负责学术组织日常事务的工作人员往往不只负责学术委员会这一单项工作，其他行政事务过多的占据了工作人员的时间精力，导致其没有充足的时间去思考、谋划学术委员会的整体工作和未来发展。

理想中的学术治理体系，其学术组织能够统筹大学的科学研究、人才培养和学科发展，不仅规划、决策高校重大学术事务，还负责管理日常学术事务。然而现实中的学术治理体系，似乎只出现在教育主管部门、科研管理部门需要学术组织意见的时候，就连学术会议的召集、会议议题的确定都需要行政领导来安排甚至主导。尽管目前多数高校都设有学术委员会或教授委员会等学术组织，但组织力量薄弱、依附行政部门等问题都导致其难以发挥实际效能，教授治学难以落到实处。

(三)学术治理体系运行机制不畅

高校内部治理结构中学术组织未能发挥其应有的作用，不仅在于学术组织力量薄弱，也在于其缺乏与行政部门的沟通协调机制，学术事务的决策、规划难以贯彻落实。以学术委员会为例，尽管高校会召开学术委员会会议审议学术事务，但不少事务的决策权并不在学术委员会。在高校内部治理结构中，学校重要事项由党委常委会会议集体研究和决策，学校行政议事由校长办公会议集体研究和决策，学术委员会处理一些学术事务时实质上只能发挥咨询、建议的功能。当教授治学被边缘化，一些教授鉴于之前的决策意见没有被采纳在履行学术委员会委员决策职能时采取消极弃权的态度，极大影响了学术委员会集体决策的效果，进一步阻碍了学术治理体系的构建。

学术委员会无法与其他行政部门形成联动，也让许多学术委员会的决议如同一张废纸。例如，以学术不端案件处理为例，学术委员会已经根据《科研诚信案件调查处理规则(试行)》调查了相关人员的涉嫌学术不端案件并给出了调查结论和处理建议，相关单位依然在年终考核的时候给予已被认定有学术不端行为的涉事人考核优秀。

三、学术治理体系的构建路径

学术治理体系以教授治学为核心，需要最大限度的激发教师群体的在学术事务治理上的积极性和主动性，发挥教师群体在高校发展规划、科学研究、学科建设、学术评价等方面的审议和决策权。结合高校依法治校的各项举措，构建学术治理体系需要在实践中健全法律法规、完善组织架构、优化运行机制、营造法治文化。

(一)健全法律法规

良法是善治的前提，在高校内部治理过程中，如果没有良法可依，依法治校则犹"巧妇难为无米之炊"般难以推进大学内部善治的实现。教授作为高校核心价值和竞争力的贡献者，其作用和地位就如科比之于洛杉矶湖人队、梅西之于阿根廷国家队。因此，依法治校所依之"良法"不仅要遵循法律的一般性要求，还要遵循高等教育发展规律，尊重学术自由和学术民主。

对高校内部治理最具权威性和引导性的"法"是大学章程，通过基于大学学术本位原则制定和实施的大学章程建设带动大学各项规章制度的建立和完善，才能为高校自治奠定坚实的规则基础。推进教授治学，迫切需要相应的法律法规和规章制度作为保障，以增强其权威性。以法治思维推进教授治学，通过制定和完善法律法规为教授治学提供科学合理、操作性强的制度规则，才能更好地推动高校内部治理改革，让依法治校和以教授治学为核心的学术治理体系构建互为依托、相互促进。

(二)完善组织架构

高校的学术委员会如果只是存在于大学章程中的学校最高学术机构，而不是存在于高校内部治理结构中的实体组织或机构，这样的如空中楼阁般的学术治理体系无法落实教授治学。因此，构建学术治理体系要在实体化学术组织的同时，鼓励学术组织与行政组织围绕高校是学术性组织这一核心属性展开协调共治。

教授治学作为一种新理念、新思想、新模式应该贯穿于高校内部治理的全过程，构建学术治理体系不仅要完善学校-学院学术委员会等学术组织本身，还要在校内其他职能部门、组织机构中安排教授任职或挂职，建立健全教授参与学校治理的规章制度，出台相关文件保障和提升教师群体在学校治理中的参与度。

在实践中，鉴于学术委员会等学术组织将大部分精力用于处理学术事务和高校重大事项的思考、判断和决策，作为学术组织下设的日常服务机构，学术委员会秘书处应主动承担总结和反思学术组织在学术治理中的成功经验和失败教训的职责，进一步提高教授群体在学术事务治理中的实效。

(三) 优化运行机制

完善高校内部决策机制。通过法律法规和大学章程的修订和完善，进一步明晰高校内部决策体系，实现从咨询向决策的转变。强化学术委员会、教授委员会等学术组织的集体决策功能，以统筹行使对学术事务的咨询、评定和审议权作为参与高校内部治理的切入点，逐步关注高校事业发展的规划和教师切身利益的问题。变被动为主动，由依赖到引领，真正参与到高校内部重大事项的决策中来，逐步建立学术权力主导的高校内部决策体制。

完善高校内部执行机制。建立健全高校内部规章制度，明确学术组织和行政部门的权责分工，建立学术组织和行政部门之间的沟通协作机制，让学术组织的决策能够在高校内部治理的过程中落实落地，激发教师群体对依法治校、依法自治意识的觉醒和能力的提升。

完善高校内部监督机制。通过教授治学进一步完善教代会的立法和执法功能，使教师真正成为大学治理的重要主体，这有助于改善教代会的人员构成，使教代会真正成为教师的组织，强化民主监督的效能。此外，有效的教授治学必然包含监督，实施教授治学有助于学术民主和学术监督的发展完善。

(四) 营造法治文化

构建以教授治学为核心的学术治理体系需要在根本上转变官本位思想和人治传统，从治理主体发展、法治思维强化和治理制度完善等方面入手。以法律法规和规章制度等形式确立教授在学术治理体系中的主体地位，保障教授在依法治校过程中的合法权利，增强高校内部各治理主体的主体意识、参与精神和治理能力。

将构建和完善学术治理体系纳入依法治校轨道，强化学术治理的法治思维，遵循法治原则完善教授治学的制度和规则，强化教授参与学校重大事务决策中的法治思维，推进学术治理的法治化进程。在高校内部治理制度建设中融入法治精神和学术自由精神，将依法治校和教授治学作为重要的治理理念贯穿于高校自治全过程，构建根植于学术本位和法治精神的学术治理体系。

参考文献

[1]毕宪顺.依法治校保障和推进教授治学——学术委员会建设应然之道[J].中国教育法制评论，第14辑.

[2]毕宪顺，赵凤娟.依法治教视野中的教授治学[J].教育研究，2016(10).

[3]陈利根.新时代高等学校依法治校的理论思考与实践探索[J].国家教育行政学院学报，2019(1).

[4]颜萌.论依法治校与学术非秩序的治理[J].管理纵横，2012年第15期.

[5]苏春景，张济洲.《高等教育法》修改亮点和大学治理法治化[J].中国高等教育，2017(21).

[6]徐义圣.基于善治的现代大学治理[J].党政论坛，2020(1).

[7]张济洲.依法治校与教授治学相向而行——大学治理结构的国际比较及其启示[J].中国教育法制评论，第14辑.

[8]杨岭，毕宪顺.依法治校视野下教授治学学术治理模式的构建[J].黑龙江高教研究，2017(6).

依法治校背景下中国公立大学治理的价值重塑

肖　俊

（武汉大学城市设计学院）

摘　要：公立大学的价值取向必然要体现中国的主流价值和国情，回归"善治"的价值目标和理念，是建设世界一流大学的应有之义。通过对中国公立大学治理价值偏离状况的分析，建议进一步重塑公立大学治理价值，回归公立大学的核心价值，在中国特色社会主义制度框架下，坚持办好社会主义大学的既定方向上，健全法治体系、理清责权关系、践行依法治校，构建开放的治理体系，营造平等的治理环境。

关键词：依法治校；治理；价值重塑

在全面建设社会主义法治国家的时代背景下，从宏观的体制机制层面与微观层面的大学自身入手，探究公立大学的价值定位与价值取向，有助于精准把握中国公立大学治理的现状，找准重塑公立大学治理的法治化路径。

一、大学治理的价值刍议

"价值"直接关系着一个组织的生命。基于主客体关系价值认识论，所谓大学治理的价值，就是大学满足主体需要的程度。理解大学治理价值的概念"需要"是一个核心的范畴，具体来说有以下几个维度：

(1)大学价值主体，即大学满足谁的需要的问题。大学满足不同主体的需要，就体现出不同的价值。在大学外部治理结构中，政府、大学、社会之间的关系构成了大学治理价值的主客体关系，大学对政府、社会的需求的满足就是大学外部价值的体现。在大学内部治理结构中，大学满足内部教师、学生、管理者等组成人员的需求形成了大学的内部治理价值。

(2)大学价值主体的需要，即大学满足主体哪些需要的问题。大学价值是由主体需要来决定的，所以，大学满足主体的不同需要体现出大学价值的不同层次。

(3)大学价值客体的属性，即大学满足主体需要的可能性、如何满足的问题，这是大学价值生成的客观条件。

大学作为主体之于国家、社会和个人具有迥异的价值，大学之于大学内外不同的组织和个人也存在很大差别，不同类型大学对于上述客体的价值也是呈现不同的特点。在我国，公立大学作为事业单位承载着多元的价值，也具有很多区别于其他类型大学的价值。

综上所述，公立高校治理的价值分析必不可少，无论是大学的治理机构、体系、制度都应该回归到公立大学自身的公益性、社会性、文化传承等主体价值上来，并在实现大学功能发挥的机制、要素、方式、方法上进行创新，当今大学治理中的价值取向多元，但传统大学的学术自由和大学自治应该作为支撑大学这一组织机构存在合法性的核心价值。只有以这一价值为主线，当大学治理中向行政性价值与经济性价值过度偏离时，才有可能回归正轨，不失去大学存在的根本意义。因此大学治理主体虽然有各自的价值取向，但对学术价值的虔诚、对人的价值的尊重应该是各种利益主体必须首先认同和秉持的核心价值。在此基础上，随着政治、经济等外部环境变化，协调行政性和经济性价值，在大学治理的政府、社会、大学以及大学内部主体间形成价值诉求的平衡，形成激励相容，推动大学的协调发展。

二、中国公立高校治理实践中价值偏离的主要表现

新中国成立后，我国公立大学治理的价值取向中政治价值和行政价值是

居于主导地位的。改革开放带来的全面对外开放和社会主义市场经济的发展，使得我国大学开始面对更为复杂的外部环境和内部治理挑战。就当前国内公立高校的办学现状与治理实践而言，办学价值取向功利化、学术自由理念扭曲、平等理念与民主气氛缺乏以及"人治"主义等问题是当代中国公立高校治理活动中价值偏离的主要表现，这些价值的偏离亟待重塑。

(一)法制不健全与人治的传统延续：法治屈从于人治

我国有着几千年的"人治"传统，已经深入到文化价值层面，根深蒂固。而现代化的国家和社会则强调法治。建立法治国家已经成为我国改革的主要方向和行动纲领之一。这种根深蒂固的"人治"观念和现代"法治"理念共存于我国大学治理现代化的实践中，相互博弈，影响着高校治理实践的各个层面。在国家层面推进"人治"向"法治"改革的大背景下，我国公立高等教育机构也在不断地强调"法治"。国家出台和修订的各项高等教育法律条例与政策使得我国公立大学的治理向法治化迈进了一步，但至少存在以下两个方面的问题：一是国家相关法律对大学治理原则性的要素进行了规定，但在指导实践层面仍存在界定不明、规定不细的问题。二是由于法律制度的欠缺，大学治理中的法治基础薄弱。公办院校的内部治理中依然较为普遍的存在"人等于法"或"人大于法"的现象。

(二)科层治理体系的封闭性与不平等性

受我国高度集权的行政管理体制影响，公立高校从学校到院系，都是自上而下的等级分明的上下级关系，命令、指令或政策自上而下地传递与执行，因此我国公立大学的治理表现为科层式的治理模式。这种模式相比国外公立大学相对自治和内部行政与学术权力相互制衡的模式，具有很强的封闭性和不平等性。具体表现为以下几个方面：

首先，我国公立高校已普遍形成了各级政府权力向下延伸，直达学校内部各层级的科层式结构，受政府自上而下的行政命令影响，高校发展自主性不强，特性因此变得单一，难以满足社会需求多样化的现实。其次，科层式的高校治理体系也将社会等主体排除在了高校治理以外，导致治理构架无法完成政府、社会以及高校良好互动的多元化发展，进而难以确保政治、行政、社会、经济和学术等多元价值的互利协调发展。目前，我国公立高校中社会参与大学治理的机制尚未建立起来，无法将社会多样化的需求表达到大学的决策中来。再次，平等性是大学内部治理中的关键价值原则，这体现在内部等级体系的弱化，治理网络体系的发达，各级利益主体平等的参与权、决策权、监督权，进而实现民主管理。受行政主导的治理模式影响，我国公立高校内部已然形成了等级分明的阶层。首先，权利的过度集中，行政权力的不断拓展与学术权力的地位弱势，导致大学内部行政职工和前线教师在实际地位上存在不平等；其次，学术权力分配上的不平等性。按照伯顿克拉克的观点，大学中的学术部门的组织等级性应该比事务性部门的低。然而，在我国公立学校中，学术权力的等级体系依然存在，从院士到教授，再到副教授，形成了明显的尊卑等级之分。第三，公立大学内在治理的不平等性，也反应在民主决策和监督的缺失上。由于行政集权的管理模式，公立高校内部各级学术组织成员的选举表面上是人人有选举权，但人人心中都知道有份潜在的候选人名单，选举只是为了满足形式和程序上的合法性。作为公立大学民主管理主要形式的教职工代表大会也往往流于形式。此外，学生群体和校友等大都不在学校权力场域的范围之内。

(三)市场化纵深推进中的大学治理功利化

我国的公立高校从一开始诞生之初就以其"公利"性为根本办学导向，随着国内社会主义市场经济制度的创建与发展，我国公立高校的治理也受到了市场力量的强势影响。市场化的动力丰富了我国公立高校的资源获取途径，赋予了公立大学知识创新价值的使命，但对国内公立大学行政主导的治理渗透也产生了大家对其"功利化"的担忧。这些功利化倾向主要表现在以下几个方面：一是高校自身的企业化倾向，经济收益成为了大学治理的主要价值取向之一。有的高校将一些学校资源市场化获得收益外，也开始自上而下的将经济创收设定为了学校、院、系和教师的主要考核标准之一。学校内部的政治、行政和学术关系，甚至师生关系都不再单纯地围绕上述本质属性展开，而变得更为经济性和功利化。有的职称高的教师成为职称低的教师的"老板"，有的教师也成为了学生的"老板"。二是科研投入的市场化倾向对学科发展的扭曲。经济的发展短期内往往更依赖于一些应用性的科学技术研究或工程技术研究来支撑，就长远而言较为重要的基础性知识与理论探究、人文社科研究等学科方向则往往被忽视。三是教育市场化的价值扭曲了学生的主体角色。公立大学里，学生中心主义的价值观念也开始甚嚣尘上，强调不再将学生当作传统教学中的被动学习者，而是将其当作是教学活动中的主要消费，学生消费教师的知识和时间所支付的成本显然是比市场上的培训机构低很多的。这突出体现在一个普遍存在的现象：大学教师更倾向于从事能把自己的知识和研究能力直接和最大化转为资本的工作方向，如校外的各种副业，各种运营性的活动。如此便是大学借助消费者的力量终结了大学之精神根本，即传道授业解惑。

(四)学术价值的本体性缺失

学术的价值核心在于知识的生产与传授。在外部治理上，政府部门行政权力直接干预大学办学的自主权。在大学内部，我国公立大学的治理结构表现为行政权力的绝对主导，学术权力的从属性，以及科层等级式的管理结构和体制。学术的自主价值和知识为中心的价值都开始被扭曲。当前不少公立大学不通程度存在这样的现象：教师忙着论文发表与课题申报，学生则忙于学分与找工作，领导忙着会议和各种汇报。然而，很多人感觉又不知忙乎所以，对疲于应付各种任务比较困惑。要大量投入教学工作的教学和原本需要静心专研的科研，变得不现实，不划算，而从事横向项目，能带来收益的事情成为了大家重点关注的方面。学术价值的主体地位缺失导致了教学质量和论文质量的普遍堪忧。论文抄袭，一稿多投，出钱发论文等学术腐败现象屡见不鲜，或者说学术本位价值缺乏，知识价值丢失是目前高校治理最为主要的问题。我国公立大学的治理优化需要回归学术价值至上、知识价值本位的状态。

三、价值重塑维度下的中国公立大学治理路径探析

针对前面分析的大学治理价值偏离的状况，公立大学的治理价值需要进一步重塑，回归公立大学的核心价值。

(一)健全法治体系，践行依法治校

针对我国公立大学法治尚未全面建立，内部责权关系不明确的问题，首先应该从完善法制体系着手，建立大学依法治理的基础，在法律层面界定大学在多大程度上拥有独立自治的地位，界定高等教育的管理权利在政府层级的分配，进而界定大学自主办学的边界。从我国公立大学治理的体系来看，大学和政府之间的关系构成了大学治理外部结构的核心。法律制度的建构应充分引导政府与大学之间建立平等、协商或相互制衡的关系。我国公立大学治理的现状则表现为政治权力和行政权力主导的特征，改革的方向应是减弱政府对大学的直接干预，促进政府职能转变，深入推进公立高校"管办评"的分离，改变教育行政审批制度，建设相关配套制度。具体而言，则包括出台或修订国家相关法律，政府指导各个高校制定实施符合本校实际的大学章程，积极调动利益主体共同参与和民主决策，通过"权力清单"的形式与契约管理确定政府对高校开展宏观管理的权限、范畴、途径、程序与方法，转变政府职能，规范高校行政管理，推动高校的法人化进程，把大学的治理交给大学自己，实现大学办学的相对自治。

(二)构建开放治理体系，营造平等治理环境

封闭的治理体系将导致高等教育生态的单一，活力丧失，也会阻碍大学发展的综合实力提升，导致集权化的治理结构。针对我国科层式、相对封闭的治理结构，改革的方向应该引入多元主体，实现共同治理。这首先是要向社会开放，引入社会这一治理主体。社会参与大学治理有助于构建大学与社会的桥梁纽带，促进大学在学术追求和社会责任之间保持适当的均衡。大学

可以吸收市场主体、社会贤达、校友代表等社会主体参与大学决策和治理。其次，可借鉴欧美国家的多元大学治理模式，吸收和调动大学内外的的相关利益主体参与共同治理。建立开放、平等的大学治理需要从以下几个方面入手：一是需要强化教师这一治理主体的权益，成立多样化的学术组织，确保教师治学，教师参与治理的权利，避免行政人员与学术人员之间的实际不平等。二是需要强化教职工代表大会的决策和监督权力和责任。三是需要从人的思想价值观念抓起。要鼓励他们行使自己的权利，积极参与学校各项事务的决策过程，强化领导干部和广大师生的民主意识。此外，要增加这些主体参与和监督意识。

（三）还原学术价值本位，维护学术自由

高校的市场化改革是适应社会发展的一个主要方向，是适应我国高校多样化发展、多渠道筹资的有效途径。但面对我国公立大学一些不良的市场化现象也应该进行规避，避免公立大学的"公利"性质变成"功利"。为此，应该从以下方面防止大学治理的过度市场化倾向和一刀切的做法，还学术价值以本体地位。首先，应该在国家法律和学校章程层面对大学与市场的合理关系进行界定，分门别类地区分可以市场化和杜绝市场化的事项，对大学从事市场化经营的部门、项目门类，服务方式进行界定。比如，在强调大学服务经济建设的同时，更应该强调大学求真知的重要性；不应要求所有单位都以创收为目标，就行政部门而言应强化其服务职能，由专门的机构负责学校资产的经营管理。其次，在科研投入上，应该本着学科之间平等对待的原则进行资助。在如今创建"双一流"大学的背景下，各大高校的学科开始整合、调整、提升，国家和高校只针对那些能带来效益或者学科排名靠前的专业给予大力支持，对一些短期价值不突出的专业则让其自然发展，这种带有行政性的竞争淘汰机制是否科学暂且不论，但就根据学科排名论学科投入的做法在实施中也存在很大争议。

学术本位价值的塑造，除了上文所述的对法治建设的呼吁，对开放平等治理体系的建设，还需要从保障师生的学术自由，营造宽松的学术环境做起。

学术价值的维护不仅取决于激励制度的建立，更取决于学术人的学术素养。学术自由的丧失最终原因是学者自身，来源于学者对社会功利的过度追求，对学术自觉、学者的尊严的淡漠。真正实现学术自由和维护学术价值，关键在于大学教师和学生自己对学术的理解，对学术自由的追求，对学术工作怀着崇高的敬意。

参考文献

[1][法]让-皮埃尔·戈丹.何谓治理[M].社会科学文献出版社，2010：97.

[2][美]埃莉诺·奥斯特罗姆.公共事物的治理之道[M].余逊达，陈旭东译，上海三联书店，2000.

[3]周光礼.中国公立研究型大学法人治理结构改革——基于华中科技大学的案例研究[J].中国人民大学教育学刊，2012(3).

[4]李景鹏.关于推进国家治理体系和治理能力现代化[J].天津社会科学，2014(2).

[5]丰硕.治理理论的现实功用[J].重庆社会科学，2015(10).

[6]刘亚敏.大学治理文化：阐释与建构[J].高教探索，2015(10)：5-11.

[7]袁伟.行政法视野中的高校行政和学术权力运行机制探析[J].湖南师范大学教育科学学报，2011(05)：34-37.

[8]丁月牙.社会参与大学治理——基于高校内部的视角[J].国家教育行政学院学报，2014(08)：71-76.

[9]陈金圣，钟艳君.大学用人制度的改革与大学的"去行政化"[J].教育学术月刊，2010(06)：44-46.

[10]王洪才.中国大学为何难以实现学术为本[J].探索与争鸣，2014(4)：77-80.

[11]向东春.我国大学学术权力保障研究[D].华东师范大学博士论文，2007：45.

[12]陈金圣.从行政主导走向多元共治：中国大学治理的转型路径[J].教育发展研究，2015(11)：40-47.

[13]张海滨，郗永勤．大学治理现代化的价值逻辑、现实困境和路径选择[J]．中国行政管理，2016(2)：83-87.

[14]王洪才．大学价值失范及其治理[J]．山东高等教育，2016(1)：6-12

[15]周光礼．学术自由的实现与现代大学制度的建构[J]．高等教育研究，2003(1)：62-66.

[16]荀振芳．学术自律：学术自由本质的一种解读[J]．现代大学教育，2003(05)：13-17.

新时代以信息化手段
助力高校依法治校的实践与思考

余姗姗

（武汉大学党政办公室）

摘　要：新时代，依法治校是推动"四个全面"中"全面依法治国"理念在高校治理体系中落实的具体体现。立足新发展阶段，依法治校是落实党中央立德树人根本要求、办好中国特色社会主义大学、努力建设"双一流"大学的根本保证。信息化是推动依法治校的有效抓手，以依法治校思想为引领，通过信息化手段积极展开各项积极的探索和实践，对于高校治理体系和治理能力提升具有重要意义。

关键词：新时代；依法治校；信息化；高校

习近平总书记指出："全面推进科学立法、严格执法、公正司法、全民守法，坚持依法治国、依法执政、依法行政共同推进，法治国家、法治政府、法治社会一体建设，不断开创依法治国新局面。"全面依法治国是协调推进"四个全面"战略布局中的重要一环。对于高等学校而言，依法治校既是依法治国思想在高校的落地，同时也是推动高校治理体系和治理能力提升的重要内容。

在新时代新形势下，立足新发展阶段，加强落实依法治校工作，可以充分利用互联网信息技术优势，坚持以师生为本，加强顶层设计，探索依法治校新抓手新路径，通过信息化手段，促进信息化与高校治理工作深度融合，不断推动学校高质量发展。

一、依法治校是高校落实依法治国思想的根本要求

高校依法治校是指高等学校运用法治思维和方式对学校各项事务进行法治化、规范化管理。党的十九大将全面依法治国作为中国特色社会主义基本方略之一，是协调推进"四个全面"战略布局中的一个重要方面。依法治校是依法治国思想在高校的重要体现，是新时代高等学校治理体系和提升治理能力的重要手段，为高校落实党中央"立德树人"根本任务提供法治保障。

多年来，高等学校在内部管理上法治意识并不算特别强。存在个别部门在管理事务中对于业务范围涉及的法律法规掌握不全、理解不透的现象。主要体现在：在办学实践中遇到问题容易以偏概全，对于学校发布的规章制度不了解，不能够严格按照规定的程序和流程处理事务；在起草规范性文件时未能从全局考虑，或是根据上级要求临时起草文件，导致后续再采取"打补丁"的方式。

依法治校要求学校在治理体系中必须贯彻习近平中国特色社会主义法治思想，要求学校职能部门在履行管理职能时，不仅要遵守国家和教育机构的上位法，也要严格遵守学校制定的各项规章制度以及规范性文件。

教育部《依法治教实施纲要(2016—2020年)》对依法治教的总体要求进行了系统阐述，其中在"深入推进各级各类学校依法治校"中，对学校章程建设、现代学校制度、师生权益保护、示范校创建活动四个方面进行了重点描述，为新时代依法治校提供了理论指导和措施引导。高等学校应当根据自身的历史特点、办学特色以及其他实际情况，在教育部的相关指导下，制定切实可行的方案，全面落实依法治校。

二、以信息化手段助力高校依法治校的积极实践和探索

"互联网+"时代，应该在高校校务治理中积极推动依法治校思想和业务

工作深度融合，以信息化为抓手，充分利用先进的信息化手段对各项工作进行积极探索和实践。

(一)落实国家"放管服"要求，实现服务师生事项"一网通办"

国家"放管服"改革是依法治国、推动政府职能深刻转变、利国利民长治久安的一项重要举措，是一场涉及理念、体制机制、工作方式的深刻变革。近年来，高等学校坚决落实国家"放管服"要求，积极探索综合事务服务大厅建设以及网上办事大厅建设，努力推动师生服务事项"一网通办"。整个实践探索发展具有如下几个特点：

1. 服务事项从"能梳则梳"到"应梳尽梳"

依法治校首先要根据各类别上位法，修订完善学校各项规章制度。各部门以完善后的制度文件为准绳，详细梳理出自己的责任清单，罗列出所有服务师生的事项，包括：事项名称、办理指南、办理步骤、办理时限、需填写的表单等。在起步阶段，由于历史欠账等原因，梳理起来比较艰难，遵从的基本原则一般是"能梳则梳"；随着"放管服"改革的不断深化，越来越多的人意识到这项工作的重要性和急迫性，遵从"应梳尽梳"的基本原则成为共识，梳理工作成效显著增强。值得一提的是，事项梳理通常还伴随着"办事流程优化"，梳理得越是深入，流程优化的成效越明显；优化后的流程反过来又促进办理事项的调整和优化，进一步促进学校管理职能的优化，从而有效推动学校治理体系和治理能力提升。比如：某"双一流"高校，第一阶段梳理师生服务事项 500 多项；第二阶段梳理实现全覆盖达 1200 多项；第三阶段经过优化的事项清单最终精简为 800 多项。

2. 逐步从"物理大厅"到"网办大厅"

"放管服"改革的起步阶段，各高校纷纷建设师生综合事务服务的"物理大厅"，将服务师生的各部门集中起来，在同一地点集中为全校师生提高服务。这种"集中"的特点是事项集中、办理人员集中、服务对象集中。"物理大厅"在依法办事、提高办事效率、一站式服务的道路上较之以前向前迈进了一大步。随着信息化的深入发展,越来越多的学校将"物理大厅"搬到了网上,建设了"网上办事大厅",并同步建设了移动版(手机版),逐步实现了服务师生事项"网上办、马上办、掌上办"。有些起步较晚还没来得及建设"物理大厅"的学校,甚至利用"后发优势"直接一步到位建设网上办事大厅,以实现并跑甚至赶超。

3. 让数据多跑路,让师生少跑腿

大力推进服务师生事项"一网通办",是落实依法治校的重要举措,要以作风建设为引领,以信息化为抓手,始终贯彻"让数据多跑路、让师生少跑腿"的理念,不断提高办事效率,努力增强办事效能。在建设初期,曾经提出的口号是让师生办事"最多跑一次";随着高校信息化能力特别是数据治理能力的提高,"一网通办"中绝大多数事项实现了"一次都不跑",极大地方便了广大师生。

(二)通过合同管理系统规范合同管理流程

从依法治校的角度看,修订和完善各项规章制度,并严格按照规章制度办事,其中规范各类合同管理,推进依法依规制定和执行合同,是一项重要内容。

为规范高校各类合同管理,防范合同签订和执行过程中的潜在风险,维护学校合法权益,高校应当根据自身特色,不断推进制定和完善符合本校实际情况的合同管理办法,明确合同管理中的归口管理部门、承办单位及负责人的主要职责。学校各单位应设立明确的合同管理人员和审批领导,组织对合同业务的统一管理,使得松散的合同管理工作形成有机的整体。加强对合同管理流程参与部门、人员的业务培训,促使合同管理流程规范化。将合同管理流程加以固化,提高了合同管理业务的处理速度,也减少了差错和舞弊的发生,便于合同执行过程中的监管和事后审计等各项管理工作。然后,利用信息化手段建设合同管理的信息化系统,使合同管理业务电子化、网络化、

数据化、智能化，相关数据和信息规范管理、互联互通，为学校相关领域的风险防控、合法权益维护、防范国有资产流失、以及领导决策支持提供有效支撑。

(三)建设智能问答系统，提供规范化咨询信息

与服务师生事项梳理相协同，依法依规梳理并完善学校内部各类事项的咨询信息，形成事项清单和咨询问答对；以此为基础，通过信息化手段特别是 AI 技术，建设"智能问答"系统或服务助手，为师生、访客、公众提供智能问答服务，也是落实依法治校的一项有益尝试和实践。智能问答系统可以嵌入到一站式服务大厅，特别是移动 APP 或微信小程序中，即开即用，既可以用文字方式，也可以用语音方式，方便快捷地对外提供服务。既可以为师生回答校内各部门的某件事的详细办事流程，也可以为访客或公众提供诸如地理位置、学校历史建筑以及文化传统等方面的介绍和咨询服务。智能问答系统的广泛使用，对于培养师生依法依规办事、提升高校形象，具有十分重要的意义。

(四)其他方面的实践和尝试

以信息化手段促进高校依法治校，在许许多多方面都可以进行积极探索和有益的尝试。比如，在信息公开方面，可以根据相关法律法规的要求，详细制定待公开文件的类别、可见范围、服务对象等属性，然后通过信息技术手段，在特定的网站上对服务对象予以一定程度的公开，可以做到精准控制和精细化服务。又比如，通过数据中台和微服务架构等信息化技术，对高校传统业务系统进行升级改造，精准分离出后台管理事项和前台服务事项，使各业务系统管理更加精细化、师生服务更加便捷化，让依法依规办事和依法治校的理念深入到每一个系统管理和服务中，融入师生的日常行为习惯中去。

三、思考和展望

习近平总书记多次强调："正能量是总要求，管得住是硬道理，用得好是

真本事。"新时代，立足新发展阶段，充分利用信息化手段和互联网思维，以信息化促进依法治校思想落地生根，推动相关工作高质量发展，不断提升高校治理体系和治理能力现代化，是时代赋予我们的深刻课题和重大使命。

虽然信息化是推动依法治校的有效抓手之一，但同时我们也应清楚地认识到，信息化解决不了所有问题。依法治校必须以习近平新时代中国特色社会主义思想和全面依法治国思想为指导，必须在学校依法治校总体规划和治理体系的框架下有序推进，手段是多种多样的，信息化只是其中之一。推动依法治校应该进行全方位、多层次的积极探索和实践，不断总结经验教训，不断优化路径和方法，努力结出更多硕果。

参考文献

[1]习近平.在十八届中央政治局第四次集中学习时的讲话.中央文献出版社，2013.

[2]骆瑞岚.新形势下高校依法治校之路径初探[J].法治与社会，2021(5).

[3]习近平.加快推动媒体融合发展[M].中央文献出版社，2020.

以法治思维推进中管高校纪检监察体制改革[*]

杨晓岚

（武汉大学纪委）

摘　要：坚持依法治国与依规治党有机统一、统筹推进，是党的十九大提出的新时代治党治国战略。中管高校纪检监察体制改革要高起点推进、高标准落实，必须把对法治的尊崇转化为思维方式，坚持以法治思维推进完善机制、健全制度和队伍建设，落细落实改革任务，促进制度优势转化为治理效能。

关键词：法治思维；中管高校；纪检监察；改革

党的十九大报告指出，应"坚持依法治国和依规治党有机统一"。运用法治思维和法治方式治国理政，是以习近平同志为核心的党中央，总结中国共产党执政的历史中的成功经验，做出的重大理论创新和实践创新。十九大以来，党中央不断深化纪检监察体制改革，推动构建党统一领导、全面覆盖、权威高效的监督体系，提高反腐败工作规范化法治化水平，为深化推进全面从严治党提供了有力保证。中管高校纪检监察机关必须对标对表，提高政治站位，自觉地学习践行习近平法治思想，落细落实改革任务，以法治化规范化水平推动改革高起点推进、高标准落实，促进纪检监察工作高质量发展。

---

　*　中国高等教育学会 2020 年度重点委托课题"高校监察体制改革研究"的研究成果（课题批准号 2020ZDWT17）。

一、加强党的全面统一领导，进一步推动"双重领导、三为主"具体化、程序化、制度化

党章党规党纪和宪法法律法规是管党治党、治国理政的基本依据。深化纪检监察体制改革，是事关全局的重大政治体制改革，根本目的是加强党对纪检监察工作和反腐败工作的集中统一领导。中管高校推进纪检监察体制改革，要把坚持和加强党的全面领导作为根本方向和重大政治原则，健全工作机制、细化工作措施，推动"双重领导、三为主"具体化、程序化、制度化。

(一)健全工作对接机制，主动接受上级纪委的领导

党政军民学，东西南北中，党是领导一切的。在新的历史起点上，中管高校推进纪检监察体制改革向纵深发展，要在坚持巩固改革取得成果基础上，把加强党的领导贯穿改革全过程、各环节，既坚持在党中央集中统一领导下深化推进，又通过改革使党的集中统一领导得到强化。要主动健全完善与上级纪委工作会商、信息共享、问题线索移交移送、联合审查调查、重要事项请示报告等工作对接与协调的机制。一要落实"两个报告"要求，及时向上级纪委报告落实中央和上级重大决策部署、日常监督、自身建设等重要情况。二要落实"一为主两报告"要求，及时向上级纪委报告问题线索处置、立案审查、党政纪处分、责任追究等重要事项，确保处置规范、精准。三要及时向上级纪委请示汇报落实党和国家重大决策部署、推进重要改革措施过程中的重点难点问题，主动沟通，接受指导，寻求支持，确保执纪监督工作方向不偏、法纪运用精准，处置规范得当，努力实现政治效果、纪法效果、社会效果融合统一的综合效应。

(二)完善工作细则，自觉接受同级党委的领导

坚持党对纪检工作的集中统一领导，具体体现在首先要自觉接受同级党委的领导。要制定贯彻中央关于纪检监察派驻机构改革的有关精神及《中国共产党监督执纪工作规则》的实施细则，细化重大事项请示报告方式、程序和措

施，健全完善制度机制，推动党委定期听取工作汇报、分析反腐败形势、研判政治生态、研究重大案件的制度化、规范化建设，确保党委对纪检监察工作和反腐败工作领导全覆盖、全方位、全过程。一要主动请示汇报，及时汇报党中央及上级纪委的部署要求，拿出工作思路和措施建议，报请党委审议审批。二要自觉接受党委领导和监督。纪委在党委统一领导下开展工作，向党委负责、向党委报告工作、接受党委的领导和监督，围绕监督检查、审查调查等重大事项，及时向党委汇报，请党委研判把关，提出加强和改进工作的意见，确保执纪监督权力正确行使。三要积极当好参谋助手，对基层党建、意识形态、校内巡察、纪律审查、管理运行中发现的重大问题，结合实际提出意见和建议，为党委决策提供参考。四要加强工作协同，正确区分服从党委领导与同级监督的关系，构建党委统一领导、纪委协助，党委部署推进、纪委监督落实，两个责任贯通协同的机制，比如党委、纪委共同谋划、一体推进不敢腐、不能腐、不想腐等工作，将加强统一领导与落实"两个责任"贯通协调，联动发力，有效推进全面从严治党向纵深发展。

(三)贯彻落实改革精神，加强对下级纪委的领导和指导

一是用好校内二级纪委书记考察把关权。加强对二级纪委书记考察、纪委委员选任审批把关，为落实二级纪委监督权的相对独立性和权威性提供坚强组织保障。二是抓实工作报告制度。要求校内二级纪委定期向学校纪委报告工作，重大问题、重要问题线索处置，均须及时请示汇报，对二级纪委核查信访和问题线索等进行全程指导、把关。三是加强工作考核。采取工作约谈、专项检查、工作汇报等形式，加强对二级纪委、纪检工作负责人履职情况的考核，发挥考核的导向作用，引导二级纪委落细落实改革要求和部署，放大改革成效。

二、以制度规程为抓手，推进规范化建设

法治思维是一种制度性思维。厉行法治，就是要更好发挥法治固根本、

稳预期、利长远的制度保障作用。纪检监察工作规范化法治化水平，体现在依据党章党规党纪和宪法法律法规对权力的界定和规范、以法治思维和法治方式推进监督执纪工作上。中管高校深化纪检监察体制改革，必须坚持系统思维，持之以恒将制度建设贯穿始终，及时修订完善不适应形势任务的制度，适时制定出台实践需要的新制度，推动健全制度框架，形成内容科学、程序严密、配套完备、运行有效的制度体系，促进制度建设和治理效能更好转化融合，以制度建设的新成效释放纪检监察体制改革"红利"。

(一)强化内部协调制约，规范权力运行

执纪监督权也是一种公权力，需要受到监督制约，需要"关进制度的笼子"，这是纪检监察体制改革的重要保障。深化纪检监察体制改革，必须突出规范执纪执法权这条主线。一要健全集体分析研判机制，规范决策权。要完善纪委全会、书记办公会等议事规则，坚持信访举报处理、问题线索处置等，须经会议集体研究。二要健全内部的权力制衡机制，科学配置权力。加强权力的内部监督和制衡，要做顶层设计，通过组织架构，科学划分和合理配置权力。按照中央纪委的要求，坚决实行监督检查与审查调查，审查与审理职能分离、科室分设，构建起监督检查、审查调查、案件监督管理、案件审理相互协调、相互制约的工作机制。三要健全责任和压力传导机制，规范责任追究权。可以根据学校实际，分类拟定全面从严治党责任书，通过全覆盖约谈分党委书记和二级单位纪检工作负责人等方式，压实管党治党责任，使校内二级单位的相关责任主体明责、知责、负责，失责必追究。

(二)聚焦职能职责，完善工作制度和程序

围绕权力、责任、担当，健全关键性、基础性制度，梳理完善工作流程，对纪检监察机构、职能、权限、程序、责任等方面作出进一步规范要求，不断把管党治党创新成果固化为制度，形成长效机制，提高依法依规从严管党治党水平。一要健全业务工作规程。信访举报、问题线索管理和处置、谈话函询、初步核实、立案审查、案件审理、党纪处分、纪律要求等，均可采取

"工作规程+文书模板"的方式，对执纪审查全过程内容、程序、职责权限、纪律要求、文书式样等进行细化，全流程规范业务工作。二要规范履职权限。按照《中国共产党监督执纪工作规则》，围绕监督检查、线索处置、谈话函询、初步核实、审查调查、审理等业务工作，构建组织架构，合理推进内部分工，并对各层级的人员分级赋权，把内部控制贯穿于决策、执行和监督全过程，使监督始终紧紧围绕监督执纪权力运行，形成合理分工又协调制约的科学权力运行机制。三要建立信访和问题线索闭环管理制度。以信访举报、问题线索统一管理、集中分办、全程监督为核心，通过运用信访举报管理系统、问题线索管理信息系统、案件监督管理系统等，对信访件、问题线索实行编码编号管理，全程记录，留痕管理，确保受理、办理、流转、反馈各个环节形成闭环，全程留痕，可回溯，可检查，形成履责留痕、落责有据的机制，确保权力在党纪法规限定的轨道上运行。

(三)强化制度落实，释放改革效能

习近平总书记强调，法规制度的生命力在于执行，要把法规制度建设贯穿到反腐倡廉各个领域、落实到制约和监督权力各个方面。中管高校纪检监察机关要把强化制度执行置于更加突出位置，通过强化执行，促进制度的优势转化为治理效能。一要发挥"关键少数"的引领示范作用。习近平总书记强调，贯彻执行法规制度关键在真抓，靠的是严管。各项制度能不能在改革发展、工作生活中取得实效，发挥威力，关键在各级领导干部。要督促党员干部认真学习制度、严格执行制度、自觉尊崇制度。各级领导干部要带头增强制度意识、维护制度权威，在坚决维护党中央权威和集中统一领导、坚决执行党和国家各项制度上当模范、作表率。二要完善全覆盖的制度执行监督机制。通过强化日常监督、专项检查、信访核查等，定期、不定期开展制度机制运行情况的检查督导，主动查找问题，及时纠正偏差，监督传递压力，用压力推动落实，促进监督执纪权力正确行使。三要强化责任追究。对制度执行不到位、落实打折扣的督促整改，对有令不行、有禁不止的严肃查处，对造成严重后果的严肃问责，形成法规制度执行强大推动力，确保法规制度立起来、严起来、执行到位。

三、优化机构配强队伍，夯实纪检监察体制改革的组织保障

习近平总书记多次强调，要善于用法治思维和法治方式反对腐败，推进反腐败工作规范化、法治化。纪检监察机关是政治机关，纪检监察干部是党和人民的忠诚卫士，在推进纪检监察体制改革的征途中，要一以贯之，带头提高政治判断力、政治领悟力、政治执行力，更加自觉地学习践行习近平法治思想，进一步强化纪法意识、纪法思维、纪法素养，不断提高工作规范化法治化水平。

（一）深化派驻改革成果，推动纪检机构设置全覆盖

毛泽东同志曾说：政治路线确定之后，干部就是决定的因素。随着百年未有之大变局的演进，以及纪检监察体制改革的深化推进，面临的困难和任务会越来越艰巨，需要进一步加强纪检监察组织和队伍建设，为全面从严治党、依法治国提供坚强的纪律保障。一要优化机构。中管高校纪检队伍相对力量比较薄弱，要以落实十九届中央第七轮巡视整改为契机，优化机构，进一步调整校纪委内设机构设置、职能权限和人员编制配备，设立综合协调、信访举报、监督检查、纪律审查、案件监督管理、案件审理等科室或岗位，理顺机制，厘清职责，推进机构设置科学化。二要夯实二级纪委。针对分党委未设立纪委、纪检专岗作用发挥不充分以及监督力量相对薄弱等现状，借鉴运用企事业单位纪检监察体制派驻改革经验做法，创新组织形式，在党员人数多、任务重、风险大的单位，视情况增设二级纪委，或直接派驻纪检监察组或纪检干部，在较小的单位，推动明确一名党委委员或班子成员担任纪检委员，专门履行对本单位的监督职责，将监督"探头"布设更加科学、合理、规范，努力消除监督薄弱环节和"真空地带"，强化近距离、常态化的监督。三要选优配强纪检干部。在十九届中央纪委五次全会上，习近平总书记提出了"锻造政治素质高、忠诚干净担当、专业化能力强、敢于善于斗争的纪

检监察铁军"的要求。中管高校纪检监察机关要主动落实"三为主",用好纪检干部选拔考察把关权,按照"铁军"标准,选派政治强、作风硬、业务精的干部,充实到纪检监察岗位,锻造一支忠诚干净担当的纪检监察干部队伍。

(二)开展学习培训,加强专业化建设

习近平总书记指出,要提高领导干部运用法治思维和法治方式开展工作、解决问题、推动发展的能力,引导广大群众自觉守法、遇事找法、解决问题靠法,深化基层依法治理,让依法办事蔚然成风。中管高校纪检机关和纪检干部作为执行纪律的专责机关和人员,应主动适应新形势新变化,进一步增强法治意识,践行法治原则,成为建设社会主义法治国家的实践者和推动者。一要树立尊崇法治、敬畏法律、宪法法律至上的法治理念。观念和思维是行动的先导。依规依纪依法监督执纪,要树立法治观念和法治思维,切实增强行动自觉。纪检监察干部作为党章党规党纪和监察法等国家法律法规的监督者和执行者,更要带头树立尊崇党纪国法、敬畏党纪国法、宪法法律至上、权由法定、权依法使等法治理念,严守法治原则,自觉强化和运用法治思维和法治方式,慎之又慎行使权力,严之又严自我约束,确保监督执纪在法治轨道上运行。二要自觉加强党章党规党纪和国家法律法规学习。了解和掌握法律法规是守法用法的前提。党章党规党纪和宪法法律,党是纪检监察干部履行监督执纪职责的根本遵循,也是规范自身权力运行的基本依据。党的十八大以来,党内法规制度建设取得重大成效,以党章为根本遵循,涵盖党的组织、领导、自身建设和监督保障等方面的党内法规制度体系基本建立,是中国特色社会主义法治体系的重要组成部分,也是全面从严治党、依规治党的重要依据和遵循,纪检监察干部必须学好用好。三要开展前瞻性学习研究。随着纪检监察体制改革的深入推进,中管高校纪检监察机关将被赋予部分监察权,依规监督与依法监督、执纪审查与依法调查、执纪审理和执法审理、适用党纪和适用法律有序对接,对纪检监察干部的尊法学法守法用法提出更高要求。纪检监察机关和干部要未雨绸缪,既要认真学习党章党规党纪,也要开展宪法、监察法等国家法律法规学习培训,熟练掌握监督执纪的工作权限、规则和程序，不断提升法治思维和纪法思维，夯实履职尽责的法治理论基础，主动推动纪法衔接、纪法贯通。四要加强实践锻炼。通过挂职锻炼、以案代训、交叉办案、参与巡视巡察等多种方式锤炼队伍，使纪检干部在实战中，牢固树立法治意识、程序意识、证据意识，严格按照权限、规则、程序开展工作，不断提升能力建设，逐步形成具有高等学校特点的标准化、规范化范式。

(三) 完善监督机制，防止"灯下黑"

对公权力进行限制是法治思维的重要内涵和要求。随着监察体制改革在高校的逐步推进和落地，中管高校纪检监察机关将被赋予部分监察权，执纪监督权限和范围进一步扩大，如何落实好自我监督，解决好"灯下黑"的难题，需要以法治思维和法治方式系统推进。一要加强内部监督。习近平总书记强调：纪检监察机关不是"保险箱"，纪检监察干部没有天然的"免疫力"；建设纪检监察铁军，就要接受最严格的约束和监督。党中央先后制定《中国共产党纪律检查机关监督执纪工作规则》《监察机关监督执法工作规定》等规定，为纪检监察机关定制度、立规矩，为正确行使纪检监察权力划定了边界。中管高校纪检监察机关要健全内控机制建设，通过分设监督检查和审查调查处室或岗位，强化内设机构之间的监督制约。二要畅通监督投诉渠道。要坚持刀刃向内，受理对纪检监察机关和纪检监察干部的信访举报，对作风不实、跑风漏气，甚至违纪违规违法查处纪检监察干部，及时进行查处处理，通过严格的监督管理，以铁一般的纪律作风锻造纪检监察队伍，确保严格依规依纪依法履行职责、行使职权。三要加强廉政理论研究为深化改革提供理论支撑。发挥相关中管高校政治学、法学、哲学、经济学等方面的学科优势，组织开展纪检监察体制改革方面的理论研讨活动，理论专家与实践干部，交融理论与实践，碰撞思维、把脉问诊，共同探寻完善监督者自我监督，以及推进纪检监察治理体系和治理能力现代化的新路径，为深化推进改革，解决新时代高校全面从严治党中的重点、难点、热点问题，提供智力支持和理论支撑。

结　语

改革永远在路上。迈上实施"十四五"规划、开启全面建设社会主义现代化国家新征程，我们要坚定不移持续推进全面依法治国、全面从严治党，提高运用法治思维和法治方式开展工作的本领，坚定不移推进纪检监察体制改革，在坚持和完善党和国家监督体系中发挥"国家队"应有的作用，为中国特色社会主义高等教育提供坚强保障。

参考文献

[1]周尚君：《提高运用法治思维和法治方式的能力》，载 http：//www. chinanews. com/m/ll/2019/07-17/8897878. shtml，2019 年 7 月 17 日。

[2]王奇：《推进中管高校纪检监察体制改革》，《中国纪检监察报》2021 年 5 月 6 日要闻周刊第 1 版。

[3]《坚持实事求是依规依纪依法 更加精准更加规范推进纪检监察工作》，《中国纪检监察报》2021 年 3 月 11 日理论周刊第 6 版。

[4]《自觉运用法治思维法治方式推进纪检监察工作高质量发展》，载 https：//www. ccdi. gov. cn/yaowen/202012/t20201202_231164. html，2020 年 12 月 2 日。

[5]尉承栋：《在法治化规范化道路上继续前行》，《中国纪检监察报》2019 年 3 月 29 日评论周刊第 2 版。

[6]陈科嘉：《以法治思维与法治方式推进高校监督执纪问责工作》，《法制与社会》2018 年 3 月(中)。

用法治思维和法治方式
深化中管高校纪检监察"三转"*

杨晓岚　彭国亮

(武汉大学纪委)

摘　要：规范化法治化建设是纪检监察机关履行职责的重要保障。在全面从严治党、全面依法治国和深化推进纪检监察体制改革的背景下，对中管高校纪检监察机关主动适应新发展阶段、新发展理念、新发展格局要求，加强自身建设提出了更高要求。本文对运用法治思维和法治方式持续深化推进"三转"，坚持职权法定、依纪依规依法履职和遵纪守法做表率等方面做了初步的思考，以期为深化中管高校纪检监察体制改革提供一些参考。

关键词：法治思维；法治方式；高校；纪检监察；"三转"

自2014年开展"三转"以来，中管高校纪检监察机关清理规范议事协调机构、聚焦主责主业，把不该管的交还给主责部门，一定程度上解决了职能不够明确、主责不够聚焦的问题。随着党的纪律检查体制改革稳步推进，国家监察体制改持续深化，纪检监察机构改革不断提速，中管高校纪检监察机关需要持续主动推进更高水平、更深层次的"三转"，善于运用法治思维和法治方式深化"三转"，坚持职权法定、依纪依规依法履职和遵纪守法做表率，严格按照制度规定和程序履行职责、行使权力、开展工作，不断提升治理

　＊中国高等教育学会2020年度重点委托课题"高校监察体制改革研究"的研究成果(课题批准号2020ZDWT17)。

能力。

一、突出主责主业"转职能"，更加精准职责定位

依规依纪依法履行职责，是贯彻依法治国、依规治党方略的必然要求，也是做好纪检监察工作的必然要求。纪检监察机关的权力是党章这一党内根本大法以及宪法和监察法赋予的，职责定位也在相关条款中予以明确。中管高校在未获得监察法授权时，仍然要坚持"法无授权不可为"，更加精准确定职责定位，严格按照党章、党内法规的规定，回归纪检监察机关政治机关属性，回归党内监督执纪问责的专责机关本职，聚焦监督首要职责，坚持系统思维、整体推进。

（一）聚焦"两个维护"，强化政治监督

党章规定，纪委是履行党内监督的专责机关，是政治机关。中管高校纪检监察机关要准确领会和把握党章对纪委职责的定位，坚守政治属性，提高政治站位，做好政治监督。要把践行"两个维护"作为首要职责，从政治上分析和把握问题。一要加强对习近平新时代中国特色社会主义思想、习总书记对教育工作的重要指示、批示精神和党中央重大决策部署落实情况的监督检查，确保校内各级党组织落实党的教育方针，坚持社会主义办学方向，聚焦主责主业，落实好立德树人根本任务。二要加强对意识形态领域责任制落实情况的监督。高等学校是意识形态领域斗争的前沿阵地，要坚持党管意识形态，紧盯意识形态工作责任制，督促各级党组织切实担起主体责任，加强研究部署，主动梳理意识形态方面存在的风险点，列出清单，加强日常监管。同时，把意识形态责任制落实情况纳入党建工作责任制、领导班子、领导干部目标管理，促进相关工作融入教学、科研、人才培养、管理服务、交流合作等，与中心工作同部署、同检查、同考核，牢牢掌握意识形态工作的领导权、主动权、话语权。三要加强对选人用人工作的监督。坚持党管人才，督促各级党组织贯彻落实习近平总书记在中央人才工作会议上的重要讲话精神，

坚持"四个面向"——面向世界科技前沿、面向经济主战场、面向国家重大需求、面向人民生命健康，深入实施新时代人才强国战略，全方位考察、培养、引进、用好人才；完善人才评价标准，加强对人才引进、职务评聘、考核评价中的思想政治和师德师风审核把关，旗帜鲜明地反对专家特殊论、人才特殊论。坚持党管干部，做好干部选任廉政把关，协助党组织选拔政治上靠得住、工作上有本事、作风上过得硬、师生员工信得过的干部，树立正确用人导向，树立风清气正、干事创业的良好风气。

(二) 聚焦党的纪律，做细做实日常监督

根据党章和《中国共产普通党高等学校基层组织工作条例》，高校纪委履行监督执纪问责职责。要回归党章规定的三项任务、五项经常性工作，聚焦党章党规和党的六大纪律，强化对相关职能部门和单位履行职能监管职责情况的再监督、再检查。一要严格执行党的纪律。党的纪律是党的各级组织和全体党员必须遵守的行为规则，是维护党的团结统一、落实各项任务的重要保证。要坚持党要管党、全面从严治党，把严守政治纪律和政治规矩放在首要位置，通过严肃政治纪律和政治规矩，带动组织纪律、廉洁纪律、群众纪律、工作纪律和生活纪律严起来，以铁的纪律保障各项工作在正常的轨道上运行。二要强化日常监督。围绕纪律检查、作风建设、关键领域和"三重一大"事项决策等，坚持"提前重点预防、关键环节抽检、事后严肃追责"的原则，综合运用随机抽查、专项检查、走访调研、谈心谈话、列席会议等形式，强化常态化、近距离的日常监督，确保职能部门和相关单位"管行业管行风"，履行好职能监督职责。三要推动党委履行主体责任。认真履行协助职责，协助党委完善责任清单，细化主体责任内容，列出问责清单，进一步健全责任分解、监督检查、倒查追究的完整链条，做到有错必究、有责必问，推动各级党组织主动承担监管责任。

(三) 聚焦政治生态建设，强化标本兼治

坚持法治思维与系统思维协调统一，推进系统治理。一要严肃党内政治生活。严肃党内政治生活是全面从严治党的基础。我们党有 9000 多万名党员，全面从严治党，如果着力点放在极少数严重违纪违法的党员领导干部，依靠惩治，只能治标，不能治本，管党治党效果难以全面体现。因此，要把纪律挺在前面，用党章、党规和党的纪律，来规范党员干部的行为，把管和治严在平时，管在日常。要加强对民主集中制、党内政治生活及"三会一课"等制度落实情况的监督检查，让党内政治生活严肃起来，更好发挥党内政治生活功能作用，营造干部清正、机构清廉、政治清明的良好氛围，真正管住绝大多数，促进管党治党"全面"和"从严"的有机统一。二要加强政治生态建设。十九届中央纪委五次全会指出，党风廉政建设和反腐败斗争取得了历史性成就，但形势依然严峻复杂；反腐败没有选择，必须知难而进。中管高校纪检监察机关执纪监督工作，必须紧紧围绕这一形势判断，从整体上把握本校、本单位党风廉政建设和反腐败斗争的基本面和整体状况。同时，结合信访办理和问题线索处置，重点监督领导班子、领导干部遵纪守法、履职尽责等情况，做到既关注"树木"，更关注"森林"，既注重惩治腐败，更注重系统治理，通过治"病树"、拔"烂树"，达到护"森林"的目的，维护好政治生态。三要一体推进"三不"。坚持完善制度、惩治腐败与强化教育结合起来，督促各级党组织健全完善制度，强化制度执行，把权力关进制度的笼子里。加大对违纪违规问题的查处力度，通报曝光，开展警示教育，发挥警示和震慑作用。

二、突出守法用法"转方式"，更加精准履行工作职责

依法执政，既要求党依据宪法法律治国理政，也要求党依据党内法规管党治党。中管高校纪检监察机关要自觉运用法治思维、法治方式开展工作，推进思维方式和工作方式的深化创新，坚持依纪依法履职，切实转变工作方式方法，规范履职，提高依规依纪依法监督执纪问责的能力。

（一）强化制度与规范

首先从组织建构方面入手，进一步落实纪委书记专职化要求，纪委书记

不分管纪检监察和巡察以外的工作。调整内设机构，构建监督检查和审查调查、审查和审理分设、互相制约的机制；延伸监督力量，推动二级分党委设立纪委全覆盖。其次加强制度机制建设，提升规范化、法治化水平。建立健全决策、监督检查、纪律审查、信访和问题线索处理的机制、制度、程序，确保各项工作有章可循，规范化推进。在纪律审查工作中，依规依纪依法，取证规范，发挥审理的重要作用，提高办案质量和效率。

(二)综合运用监督方法

综合运用开展谈心谈话、听取专题汇报、构建大监督工作格局等监督方式，着力改进监督检查的方式方法，开展监督检查的重点，要聚焦在职能部门和有关单位依法依规履责的监督上，主抓"监督推动"，对"一线参与"坚决说不。一要强化事前监督，抓早抓小抓苗头。对校内有关单位或党组织的苗头性、倾向性问题，及时谈话提醒，批评教育，通过咬耳扯袖，把问题消灭在萌芽状态。督促相关部门和单位，建立职能管理中的风险清单，加强风险防控管理。二要加强事中监督，主动介入重点工作。加强监督要改变路径依赖，不能等、靠问题线索上门。一方面完善信访举报平台，广泛接受监督举报。另一方面要主动出击，通过全面检查、专项检查、定期检查、抽查、督查、明察暗访等多种形式，主动介入重点工作，使监督聚焦在关键人、关键处、关键事、关键时，推动管住、管好权力运行的"关节点"、内部管理的"薄弱点"、问题易发的"风险点"。三要加强事后监督，加强倒逼追责。根据《中国共产党问责条例》，坚持有权必有责、有责要担当、失责必追究，健全完善责任分解、监督检查、倒查追究、结果运用的完整链条。加强结果运用，把组织和个人受到责任追究的情况与年度考核、评优评先、选拔任用等挂钩，发挥责任追究的"龙头"作用，强化监督效果。

(三)构建大监督格局

党的十九大报告提出，要构建党统一指挥、全面覆盖、权威高效的监督体系。监督全面覆盖是坚持和完善党和国家监督体系的基本内涵，中管高校纪检监察机关对此要深刻领会、精准把握。一要推进完善党内监督的制度机制。《中国共产党党内监督条例》指出"建立健全党中央统一领导，党委（党组）全面监督，纪律检查机关专责监督，党的工作部门职能监督，党的基层组织日常监督，党员民主监督的党内监督体系。"要协助党委构建起党内"五个监督"协同推进、同向发力的机制。二要推动构建大监督格局。加强日常监督，根据中管高校纪检监察改革推进安排，逐步推动形成纪律监督、监察监督、派驻监督、巡视监督四个"全覆盖"、统筹衔接、统筹联动的党内监督机制，使党内监督不留死角，没有空白。同时，注重发挥审计监督、教代会民主监督、师生员工日常监督以及舆论监督的作用，发挥好党内监督与党外监督结合的整体制度效能，增强监督合力，形成发现问题、纠正偏差的有效机制。三要加强对关键少数的监督。"一把手"和领导班子，是关键少数中的关键少数。加强同级监督，特别是对"一把手"监督，是监督工作中的重点和难点。如果做好了对"一把手"和领导班子监督，等于抓住了监督工作的"牛鼻子"。要坚持无禁区、无例外，在监督全面覆盖的基础上，重点加强对各级主要领导干部的监督。要制定落实《中共中央关于加强对"一把手"和领导班子监督的意见》的实施办法，完善对各级主要领导干部的监督制度，健全领导班子内部监督制度，尤其是加强纪委对同级党委特别是常委会委员履行职责、行使权力情况的监督，确保对主要领导干部的同级监督精准到位管用。

三、突出纪法意识"转作风"，更加精准提升工作能力

纪检监察机关是党内的纪律部队，只有自身硬，监督的底气才够足。在中央纪委五次全会上，习近平总书记要求，努力建设一支政治素质高、忠诚干净担当、专业化能力强、敢于善于斗争的纪检监察铁军，为新时代纪检监察队伍建设指明了方向。中管高校纪检监察机关要坚持正人先正己，以更高标准、更严要求，带头加强自身建设和作风建设，以优良的作风保持纪检干部忠诚干净担当的政治本色。

(一)提升思想政治素质与法治观念

一要加强全员培训。采取自我学习、专家辅导、专题研讨等形式,学习习近平总书记重要讲话及中央、中央纪委有关会议文件精神,开展理想信念和党性党风党纪教育,深刻把握全面从严治党的重大方针、原则、任务的政治内涵,加强政治素质锤炼,不断提高政治判断力、政治领悟力、政治执行力。二要提升业务素养。聚焦强化纪法意识、纪法思维、纪法素养,学习宪法法律、党纪条规,以法治思维和法治方式推进监督、防治腐败。聚焦提升专业能力、专业素养、专业精神,学法、用法、守法,严格执行监督执纪工作规则要求,时时以党纪国法严格自律,处处用党纪国法规范言行,真正做到懂规矩、讲规矩、守规矩,在业务实践中提升把握政策的能力,提高规范化、法治化、专业化水平。

(二)践行"三严三实"优良作风

纪检监察机关作为作风建设的推动者,要发扬严深细实的工作作风,在作风建设上立标杆、做表率。一要践行以人民为中心思想,坚持始终贴近师生,盯住师生反应强烈的人和事,树立查出问题是成绩、差否问题也是成绩的理念,既查办违纪违规案件,也解决师生身边的腐败问题和侵害师生利益的行为,以实实在在的执纪成效取信于师生,维护师生员工的利益,维护纪检监察机关执纪公信力。二要带头整治形式主义官僚主义问题。庸懒散拖浮问题在高校纪检监察机关同样存在,如工作浮在表面,浮在机关;把关不严,查办案件不深入,不全不透;斗争精神不足等。中管高校纪检监察干部要蹲下去、沉下去、查下去,践行一线思维,靠前监督、主动监督,经常到师生员工中去、到教学科研工作一线,了解实情,发现问题,推动解决师生员工反映强烈的问题。三要发挥监督保障执行,促进完善发展的作用。纪检监察干部通过做好调查研究,深化学习、破解难题、创新工作,不断推动全面从严治党向基层一线、向群众身边延伸,在服务、保障教学、科研、人才培养等中心工作的过程中,提升决策、执行、监督水平,增强实战本领和斗争精神，推动工作更精准、更深入、更有质效，保障和促进改革发展。

（三）全面接受监督制约

纪检监察权是治权之权，中管高校纪检监察机关要主动接受监督，以监督约束促进管好用好这柄激浊扬清的利剑。一要主动接受上级纪委的领导监督。对日常监督、线索处置、执纪问责、队伍建设等方面的情况，主动请示汇报，接受上级纪委全过程监督。二要主动接受校党委的监督。积极发挥协助作用，监督执纪工作中的重大问题、学校党风廉政建设和反腐败工作中的重要事项等，及时向学校党委汇报，接受领导监督。三要加强对纪检监察干部的日常管理和监督。要围绕线索处置、审查调查、案件审理等关键环节，全面规范权力运行，紧盯纪检监察权力运行过程中可能存在的风险隐患和薄弱环节，持续推进依规依纪依法行使权力。发现问题及时处理，不遮丑不护短。四要坚持"开门办纪检"，畅通渠道，接受校内各级党组织、师生员工和社会的监督，让执纪监督权力在阳光下运行。

结　　语

用法治思维和法治方式深化"三转"，是党章所规、形势所需，是贯彻依法治国、依规治党的战略要求，也是加强中管高校党风廉政建设和反腐败工作的必然要求。中管高校纪检监察机关必须提高政治站位，采取切实措施，快转、转好、转到位，使"三转"的成效持续转化为学校内部治理的效能，有效促进学校改革发展和"双一流"建设。

参考文献

[1]冯新舟、罗星、胡楠：《推进更高水平更深层次三转》，《中国纪检监察报》2020年3月26日理论周刊第8版。

[2]天津市纪委监委课题组：《纪法通向发力　提升监督效能——持续深化"三转"推进纪检监察体制改革的调研》，《中国纪检监察报》2019年5月

16 日调研周刊第 8 版。

[3]陈科嘉:《运用法治思维和法治方式促进纪检监察机关"三转"》,《法制博览》2018 年 4 月(上)。

[4]李黛:《中央纪委推进信访举报工作"三转"纪实》, 载 http://fanfu.people.com.cn/n/2015/0526/c64371-27057846.html, 2015 年 05 月 26 日。

[5]傅奎:《持续深化"三转"推动高质量发展》, 载 http://www.dangjian.com/djw2016sy/djw2016wkztl/wkztl2016djwztk/specials/ztkxysjd/ztksjdsl/201808/t20180809_4790153.shtml, 2018 年 8 月 9 日。

[6]邹长福:《将法治理念贯穿"三转"之中》,《中国纪检监察报》2014 年 12 月 19 日。

高校科研管理中贯彻依法治校理念研究

陈世银

（武汉大学人文社会科学研究院）

摘　要：高校科研管理职能的拓展，以及精细化管理的推进，其业务范围涵盖更加广泛，在依法治校的大背景下，"依法治研"显得尤为重要。当前，高校科研管理领域尚存在着相关人员法治意识不强、相关制度需进一步完善、相关程序需进一步优化等问题，科研管理部门应主动接受法治部门指导，增强科研管理领域的法治意识；进一步梳理科研管理相关制度，服务好科研人员并防范相关风险；严格履行相关程序，保障科研管理工作依规依法运行；拓展科研管理领域的法治内涵，建立"依法治研"的坚强阵地等方面，切实贯彻落实依法治校理念，提升依法依规开展科研管理工作的水平和效果。

关键词：高校；科研管理；依法治校

党的十九大将"全面依法治国"列为社会主义基本方略之一。教育领域是全面依法治国系统工程的重要组成部分，全面推进依法治教，是助力提升全面依法治国的重要内容。对高等学校而言，大力推进依法治校，按照章程自主办学，积极推进现代大学制度建设，是落实教育部《依法治教实施纲要（2016—2020 年）》的内在要求。

高校主要承担着人才培养、科学研究、社会服务、文化传承与创新、国际交流与合作等职能。科研管理与服务领域，包括了科研项目合同签订、经费的合理合法支出等内容，很多高校还积极推进与政府、企业的科研合作等，需要切实贯彻落实依法治校理念，由此保障一流科研工作的开展。

一、高校科研管理中贯彻依法治校理念的重要意义

(一)高校科研管理领域是贯彻落实依法治校的重要阵地

建立现代大学制度，是高校依法治校的重要基础。科研管理制度是现代大学制度的重要组成部分，也是推进一流的科学研究的重要制度保障。传统的科研管理很多与"法"紧密相关，主要包括以下几类：

一是合同类的管理内容。主要包括与政府、企事业单位等部门签订的科研委托合同，与相关企业签订的科技成果转化合同，与相关部门签订的科研机构、智库共建合同等。其合同中往往包含了科研项目、成果产出与机构建设效益的评价等内容。合同性质相关工作的规范管理，在科研工作中占有重要地位，也是最容易发生纠纷的领域。

二是经费类的管理内容。一般包括纵向科研经费管理办法、横向科研经费管理办法、经费具体支出管理办法，等等。经费类管理制度的完善和规范，是推进科学依法治理科研工作的重要依托。

三是机构类的管理内容。高校科研管理部门，除了承担科研项目管理外，还承担着培育建设科研机构、智库等工作，因此，各个层次的平台与智库管理，是其重要内容。其管理规范，涉及机构组建论证、经费投入管理、运行管理与考核评价等内容。完善的机构管理制度体系，是机构良性竞争的重要推动力，也是机构调整的重要依据。

四是学术类的管理内容。主要包括学术著作出版、学术论文发表，以及各类学术活动的管理等。其中，境外出版的审查，有境外学者参加的各类学术活动的审批与备案等，是管理的重点与难点。因此，依法管理、科学管理，显得更加重要。

(二)新形势下高校科研管理涵盖内容更加广泛,"依法治研"的需求更加凸显

随着高校科研管理职能的拓展,以及精细化管理的推进,其业务范围涵盖更加广泛,"依法治研"更加迫切。一方面,部分高校科研管理部门,承担着科研人才选拔、推荐和校内相应科研人才或团队计划建设的任务,相当于承担了部分人事管理工作的职能。人才计划实施或科研团队的建设,涉及协议或合同的签订与管理等工作,均与"法"紧密相关。另一方面,近年来,师德师风建设在高校中愈加受到重视,很多高校专门成立了教师工作部,以强化此方面工作。高校科研管理部分,承担着科研平台与智库的建设和管理工作,处于平台和智库中的教师、研究人员,其思想政治、师德师风建设工作,需由科研管理部门做好第一层面的把关。此外,在信息化技术、互联网技术发展所带来的信息获取、传播的便利的同时,也给信息的知识产权管理带来风险和挑战,科研机构网站、微信公众号、视频号等新媒体内容采集与发布,如何规避侵权的风险,也成为科研管理部门需要关注的重要内容。由此看出,随着高校科研业务工作的拓展、工作的细化,以及各类新生事物的产生,科研管理涵盖的领域更加宽泛,内涵更加丰富,对依法办事的要求将会越来越高,"依法治研"的需求更加凸显。

二、依法治校理念下高校科研管理中存在的问题

(一)相关人员法治意识尚需进一步增强

科研管理工作者是推进"依法治研"的主要力量,合格的科研管理工作者,需要熟练掌握高等教育领域,尤其是科研管理领域的各类规章制度,用以指导学校科研管理工作。同时还应拥有敏锐的法律意识,办事时有法可依,有法必依。然而,部分科研管理者对相关业务规范了解不够,掌握不到位,理解不透彻的现象时有发生,日常管理工作中仍较多凭经验办事,未能及时

跟进了解和掌握新的管理办法与规章，不利于精细化、科学化、合理化的科研管理工作的开展。

(二)科研管理相关制度应进一步完善

科学合理的管理制度是推行"依法治研"的重要保障。在合同管理方面，目前的纵向、横向科研委托合同拥有较成熟的模板，管理较为规范，但在成果转化、技术转移类合同中，存在着一定的风险，高校可能因合同签订的事项无法履行而遭到对方索赔的可能。在经费管理方面，随着国家加大"放管服"力度，科研经费管理更加灵活化，高校现有的管理制度与之冲突的尚有较多，尚需进一步修订完善，以更好地保障研究人员的利益。在机构类管理方面，相关管理办法尚不适应高校师德师风建设等新的工作要求；在学术类管理方面，境外出版、项目合作等管理制度，还需进一步补充完善相关规定。而在新兴的科研队伍建设、信息化管理等方面，也需要完备的制度和办法作为科学管理的支撑。

(三)科研管理相关程序需进一步优化

高校普遍采用的是校院两级管理体制，部分高校采用校-学部-学院三级管理体制，但学部往往设置为虚体机构，承担的一般是学术评价、职称评审等工作。科研管理部门作为学校的职能部门，其服务对象主要为二级学院、独立研究机构等，在审核各类科研合同、科研经费管理、平台与智库管理、科研队伍管理等方面，目前还存在着与学院、独立科研机构沟通不够，相关政策的宣讲尚不到位，相关工作从上而下，从下而上的环节衔接不够紧密等情况，部分内容还涉及学部层面的论证等，相关程序需进一步优化。

(四)科研管理中的法治内涵尚需进一步拓展

随着科研管理工作覆盖的面越来越广，传统的科研管理工作需要进一步拓展，例如，科研人员的师德师风建设、科研机构研究生培养中的思政工作、研究机构对外交流合作、研究机构信息发布与管理等，很多工作还呈现出多部门交叉管理的性质，对科研管理部门"依法治研"提出了更高的要求。

三、高校科研管理中深入贯彻依法治校理念的路径分析

(一)主动接受法制部门指导，增强科研管理领域的法治意识

高校普遍成立了法制部门，用于统筹学校的各类法务工作。科研管理部门，应主动接受学校法制部门的指导，自觉践行以《章程》为核心的办学路径，全面强化法制意识，依规依法有效推进科研管理工作。在科研合作协议、科研成果转化合同、机构共建协议的签订，相关管理制度、办法的制订与修订等方面，均需通过学校法制部门的审核备案，确保无相关法律风险。遇到有法律纠纷的案件，首先寻求学校法制部门的帮助，通过专业化的指导，获取最佳的咨询建议，提升科研管理领域依法办事的水平和效果。

(二)进一步梳理科研管理相关制度，服务好科研人员并防范相关风险

高校科研管理部门应以服务好科研人员并有效防范相关风险为核心，全面梳理科研管理相关制度、办法，废除过时的制度和办法，对不适应新形势新要求的制度进行修订完善，适时出台必要的针对新的风险点的管理办法等，确保管理制度体系完备、理念先进、可操作性强。例如，在经费管理方面，随着国家加大"放管服"力度，科研经费管理应更加灵活化，更加"以科研人员为本"，相关制度应以最新的国家精神为准，及时修订补充和优化，让科研人员在负面清单之外用得方便，自主权更大。在机构类管理、学术管理、人员管理等方面，应随着管理形势、管理内容的变化，及时修订相关制度，增加意识形态管理、师德师风考核等内容，确保科研管理工作在法制化道路上行稳致远。例如，武汉大学人文社会科学研究院根据科研机构管理的新形势和新要求，出台文科研究机构管理办法的补充规定，进一步完备了意识形态、机构负责人师德师风、机构境外合作等方面的负面清单制度，试行科研机构

审核备案制度等，以更好地服务学院、科研人员并规避相关风险。

（三）严格履行相关程序，保障科研管理工作依规依法开展

一方面，在科研管理相关规章制度出台过程中，应充分做好自上而下、自下而上的流程设计，加大利益相关者的参与力度，广泛听取师生意见。邀请相关专家学者参与，并采用多级审核制度。规章制度颁布前，需通过学校法制部门的审核备案，从专业化角度尽可能规避相关法律风险。另一方面，在相关科研管理制度和办法的落实方面，如在科研机构建设、科研人才推荐、科研评优评先等工作中，应坚持从下到上的办事程序，学院、研究院等单位，要严格按照管理办法要求，通过教授委员会审核、院党政联席会审核等程序后，上报科研管理部门。科研管理部门再通过组织专家评审、部务会研究、报分管校领导审核、公示等程序，完成相关工作。由此把好制度办法的制定与实施两个关口，保障科研管理工作依规依法开展。

（四）拓展科研管理领域的法治内涵，建立"依法治研"的坚强阵地

随着科研管理领域的内涵与外延不断拓展，依法依规开展科研管理工作，需要树立"大科研"意识。一方面，要密切关注与科研经费、项目、机构、人员相关的新热点、新问题、新要求，强化法制意识，不推诿，不回避，积极承担其相应的管理责任。另一方面，在发现新问题的基础上，可首先尝试纳入现有的制度和办法体系进行统筹管理，如需要，则进一步修订现有的管理制度或出台新的管理规定等，提高制度管理的覆盖面，以建立"依法治研"的坚强阵地。例如，武汉大学人文社会科学研究院在学校法制部门的指导下，近两年已稳妥处理两起针对科研机构微信公众号的信息侵权的事宜，维护了科研机构和武汉大学的合法权益，这正是积极应对科研管理领域法治内涵不断拓展的具体行动。

参考文献

[1]张景俊，李涛，赵志强. 高校依法治校的路径分析[J].沈阳建筑大学学

报(社会科学版)，2021，23(5)：508-512.

[2]许博，洪丽燕.高校依法治校工作实践与思考[J].工作指导，2020，347：70-71.

[3]罗丽华.高校依法治校的现状与展望[J].中南林业科技大学学报(社会科学版)，2013，7(3)：121-125.

[4]周雄文，吴四江.论高等学校的依法治校[J].湖南科技大学学报(社会科学版)，2013，16(2)：126-129.

大学校园电信网络诈骗
现象成因及其相应对策初探

梁　越

（武汉大学文学院）

　　摘　要： 现代科技的飞速发展，尤其是互联网科技的迅猛进步，在为社会公众带来诸多便利的同时，也为公众的特定权利和利益埋下了随时可能爆发的"炸弹"，电信网络诈骗就是其中之一。据统计，仅2019年一年，仅电信网络诈骗案件，公安机关共立案78.2万件。电信网络诈骗已经成为威胁大学生健康学习成长的重要因素。本文将从三个方面对大学校园电信网络诈骗现象进行分析和对策讨论研究，分别为大学校园电信网络诈骗层出不穷的原因、大学校园电信网络诈骗特点及常见手段、校园电信网络诈骗的危害以及相应的对策研究。

　　关键词： 电信网络诈骗；大学校园；大学生群体

　　电信网络诈骗是指犯罪分子通过电话、网络和短信方式，编造虚假信息，设置骗局，对受害人实施远程、非接触式诈骗，诱使受害人给犯罪分子打款或转账的犯罪行为。围绕电信网络诈骗犯罪，还产生了一系列黑灰产业链，形成大量上下游关联犯罪，成为电信网络诈骗犯罪不断发展蔓延的催化剂和助燃剂，严重侵害了人民群众的财产安全和其他合法权益，严重影响社会和谐稳定。

　　继2021年4月习近平总书记在打击治理电信网络诈骗犯罪工作会议上做

出重要指示后，中华人民共和国最高人民法院联合最高人民检察院和公安部联合出台了《关于办理电信网络诈骗等刑事案件适用法律若干问题的意见(二)》，从法律制度建设上为打击电信网络诈骗提供了制度保障。

一、大学校园电信网络诈骗层出不穷的原因

(一)学生自身层面

中国互联网络信息中心(CNNIC)2020年全国未成年人互联网使用情况研究报告显示，受新冠肺炎疫情"停课不停学"政策影响，我国未成年人互联网使用人数已达到1.83亿人，互联网普及率达94.9%。互联网普及率的提升虽对未成年人的不间断教育提供了保障，但也为不法分子提供了可乘之机。

(1)大学校园学生的年龄构成基本稳定在18~24岁间，在其进入大学之前的时间大多数为"校园——家庭"的两点一线式生活。而作为这两处的监督义务人，家长和师长则起到了极佳的保护作用，但单纯的家庭和校园环境同时也使得未成年学生与社会接触少，也进一步决定了该群体社会经验少、明辨是非能力弱、易轻信他人的特点。而恰恰是这样的特质，使得该群体极易成为网络诈骗分子的受害者。

(2)相关教育的缺乏和法律意识的单薄。我国的小初高教育更侧重于应对高考，相应地，其教学授课重点更倾向于必考科目，而对于相应的法律知识虽有意识地倾斜加强教育，但面对瞬息万变的社会环境和层出不穷的新的犯罪手法，还是显得不足。中国未成年人互联网运用报告(2020)数据显示，未成年人网络安全知识了解程度并不理想，仍然有待提高。仅有19.3%的未成年人表示"很了解"网络安全基本知识，41.9%的未成年人表示自己对网络安全基本知识只是"了解一些"，而"不太了解"和"不了解"的累计比例达15.8%。

(二)高校层面

相关教育不及时。大学必修安全教育更多地侧重于学生人身安全教育以

及重大事故防范教育,如宿舍用电安全等,而对于电信网络诈骗却鲜有提及。且部分高校即使有相关的安全教育,大多数也流于口号式或海报张贴式宣传,效果并不理想。这也是导致电信网络诈骗在大学校园屡禁不止的原因之一。

(三)社会环境层面

(1)个人隐私信息泄露。互联网信息时代,随着电商行业的蓬勃发展,网络购物成了大学学生的心头爱。截止到2021年6月,我国网络购物用户规模达8.12亿,电商行业的繁荣也带动了快递行业的爆炸式发展。而学生对于快递包裹的信息单处理不够谨慎,常常会因此将自己的隐私信息(姓名、联系电话、家庭住址等)泄露给别有用心之人。而同时,网络"黑市"中的个人隐私信息贩卖情况也泛滥成灾。这些都为诈骗分子提供了大量的犯罪资源。

(2)法律法规的局限性。科技的迅猛进步使得诈骗手段花样百出,为法律法规的制定带来了新的挑战,现有的法律法规往往如同"打地鼠",按下一个又有新的冒出。而同时,部分犯罪分子为了规避法律制裁,伙同身处境外人员,对服务器地址或者拨号终端进行修改,使其犯罪行为掺入国际因素,使得国内执法人员进行相关执法活动时难上加难。

二、大学校园电信网络诈骗特点及常见手段

(一)电信网络诈骗的特点

(1)突破实际联系性。如上文提到的,随着电信网络技术的突破,诈骗行为越来越容易突破地域的实际联系,实现犯罪行为地和结果地分离,实践中经常见到犯罪分子身处A地却轻松实现对于身处B地的受害人的诈骗行为。

(2)团伙性。电信诈骗案多以多人结伙作案,且团伙内部分工明确,呈现如同传销组织构造般的"金字塔型",从上至下可分为策划组织者、实际操作者和获取赃款者。同样,这三类不同的人员均可位于国内不同的地点,乃

至国外的地点，大大增大了抓捕难度。

(二)大学校园电信网络诈骗的特点和常见手段

大学校园电信诈骗，除了以上两个特点外，因其发生的地点特殊，还具有形式更为多样、成功率高、时间段集中、犯罪成本低廉、从重处罚较难认定等特点。

(1)诈骗形式多样。相较于社会环境下的电信网络诈骗，校园诈骗往往双管齐下，不仅学生本人容易成为该类犯罪案件的受害者，学生家长和好友也容易成为受害者。诈骗分子通过冒充学校的工作人员，以学费、考试费用、生活费等作为借口向学生本人或者家长进行诈骗。

(2)成功率高。针对大学生群体的电信网络诈骗之所以成功率高于传统诈骗，究其根本原因，还是由大学生本身的心理素质所致。由于社会经验的缺乏且容易轻信他人，加之其群体内部极高的电信网络使用率，犯罪分子极易通过各类社交软件、App或网站对大学生进行诈骗，甚至重复诈骗、多次诈骗。

(3)时间段集中。大学生受诈骗的案件多发于大一时期和毕业期。作为新生的大学生群体，刚刚从相对紧张且高压的学习环境中跳脱出来，极度渴望自由，对社会各类事务持有好奇心，学生家长的保护力度也因为异地求学而有所减弱。同时，在资金支配方面，学生拥有了更大的自主决定权利。在大学伊始阶段，新生们因心思单纯、拥有较大的资金支配权而极易成为诈骗分子的首要下手目标。而处于毕业季的学生，则更容易陷入诈骗的陷阱。面临毕业论文和就业的双重压力，学生急躁和慌张的心态往往会成为诈骗分子利用的弱点，诈骗分子借口代写论文或保证找到工作来对毕业期学生进行诈骗。

(4)犯罪成本低廉。不同于社会环境下的诈骗，针对大学生群体的诈骗行为对于犯罪者的犯罪成本要求并不高。社会环境下的诈骗，诈骗主体大多数已经形成完整且有架构的组织和明确的分工，但校园环境下的电信诈骗，独立个体通过电脑或手机等移动设备便可完成，甚至校园内的学生也有少数误入歧途，成为诈骗分子的一员。

（5）从重处罚情节较难认定。社会环境下的诈骗，往往数额较大，司法实践中对于此种案件能够较好地适用诈骗罪的从重处罚情节。但对于大学校园环境下的诈骗案件，有时诈骗案件性质恶劣，但经查实后的诈骗数额没有达到一定的标准，可能会出现罪刑不相适应的问题。实践中，经常出现此类案件：被害人因被诈骗而导致经济出现严重困难，在绝望之际选择结束生命，但查实其实际被骗的总金额未达到 3 万元，尚未达到诈骗罪单独一罪的从重处罚情节，即使对其从重处罚，也只能在 3 年以下考虑量刑。这显然是不合理的。

（三）大学校园电信诈骗常见手法

（1）兼职刷单类。刷单是一个电商衍生词。店家付款请人假扮顾客，用以假乱真的购物方式提高网店的排名和销量获取销量及好评吸引顾客。刷单，一般是由卖家提供购买费用，帮指定的网店卖家购买商品提高销量和信用度，并填写虚假好评的行为。诈骗分子会通过各类社交软件发布兼职信息，以低工作量和高佣金为噱头，诱使学生交付一定金额的保证金，或者要求学生先垫付商品本身费用。在学生缴纳费用后，诈骗分子会寻找各类借口或理由拒不付款，甚至拉黑学生联系方式。这类诈骗方式不仅非常普遍且追回难度较大。

（2）网购客服类。诈骗分子往往通过快递单等信息获知学生网购的商品详细信息，冒充电商平台的客服人员，以不同理由，如商品丢失、缺货等需向学生退款为由，向学生发送虚假退款链接或二维码，以此骗取学生转账或支付价款。此类诈骗方式迷惑性极强，诈骗分子往往通过搭建几乎以假乱真的网页或店铺来为诈骗行为做准备，若学生不加以仔细分辨，极易掉入陷阱。

（3）冒充好友类。此类诈骗手段指的是诈骗分子通过盗取学生的各类社交软件的账号密码，以学生的口吻，并利用被害人基于对被盗账号主体的信任和亲密关系，虚构、杜撰紧急情况，向被害人索要财物。该类诈骗手段出现时间最早，社会公众的防范意识较强，但受害人群体主要为中老年人，诈骗分子往往利用其担心亲友的急切心理，取得中老年人的钱财。

（4）冒充国家机关人员类。诈骗分子往往通过电话或者短信的形式，谎称自己为国家权力机关或公检法工作人员，告知受害人违反特定法律法规或涉嫌特定犯罪，要求受害人配合调查，进而以各类"保证金""私了费"为由向受害人索要钱财。

（5）网络交友类。诈骗分子通过伪造身份信息，投被害人所好，以朋友、女友等身份借用各种理由索要财物。近期更有甚者，通过"裸聊"等理由，向被害人的移动设备内发送带有病毒的链接，或直接引诱被害人下载指定软件，并以此窃取被害人的通讯录名单，进而以被害人的私密影像作要挟，索要财物。

（四）大学校园电信诈骗的危害

社会环境下的电信诈骗，被害人受到的危害多来自其大额的财物损失。但大学校园内的电信诈骗，其诈骗数额往往并不大，万元以上的案件往往少见。然而大学校园环境下的诈骗案件，其危害性更在于其对被害人造成的精神损失和后续影响。大学生的教育费用多出自家庭支持，大学生本人并无直接经济来源。财物损失对于大学生而言，无疑是巨大的打击，而对于相对贫困的家庭而言更是灭顶之灾，更有大学生会因羞愧、悲愤的心情而了结生命。

除此之外，通过冒充国家机关或公检法工作人员进行诈骗，还会对政府的公信力产生影响，破坏政府公权力在学生心目中的形象。

三、相应的对策研究

（一）学生自身层面

学生应当妥善保护自己的个人隐私信息。在被索要个人信息，尤其是身份信息时，更要谨慎注意，不在来源不明的网站或者链接上填写，在连接公众场所的公共网络时也要注意权限，领取完毕的快递包裹也尽量通过各种处理方式隐去个人信息，防止个人信息被别有用心者利用。同时，也要主动学习相关的法律知识，对基本和常见的诈骗方式和手段有一定的了解，更要杜绝投机、贪小便宜的心理，天上不会掉馅饼。另外，也要学会使用法律武器保护自己，让犯罪分子得到应有的惩罚，而不是一味忍气吞声或自认倒霉，最终导致郁郁寡欢，进而影响到自身心理健康发展。

(二)高校层面

(1)开展多样化的安全教育。现阶段大学生安全教育多为"说教式"的教学，对于学生而言，毫无吸引力，学生也不会主动、认真学习，课程多半在学生看手机中度过。安全教育内容只有在学生主动学习下才有效果。学校可采取多样性的教育和宣传方式，如根据校内真实案件编撰案例集锦，制成手册发放给学生，又如可采取知识竞赛等形式，让学生主动增加相关知识的储备量，或直接借用电信网络的力量，充分发挥微信公众平台、微博、抖音等网络宣传平台，宣传网络安全教育。

(2)加强与当地公安机关合作。高校更可以和当地公安部门开展合作，邀请公安人员到校内定期以讲座形式开展网络诈骗安全教育，通过最新的案件给学生以警醒，不仅能让学生了解受害者就在身边且自身也有可能成为下一个受害者，也能让学生了解各类诈骗方式和手段，提高学生的防范意识。同时，定期开展讲座也能鼓励学生面对此类诈骗时，更加相信公安力量，引导学生主动报案而非自怨自艾，最终造成不可收拾的后果。

(3)强化管理学校保卫和学生信息。推销诈骗的形式，虽然在新冠肺炎疫情的背景下较为少见，但一旦成功进入校园乃至学生宿舍，会让学生产生诈骗分子本身就为学生或校内人员的错觉，进而降低自己的防范之心，容易掉入诈骗分子的陷阱中。校方应加强学校和宿舍的人员出入管理制度，从根本上上杜绝推销式诈骗的可能性，同时，应当加强校内巡逻，发现可疑分子时应该及时妥善处理，以免事态扩大，造成更为严重的后果。另一方面，对于学生的私人信息，如学籍档案信息等，一定要谨慎保管，严格管理，杜绝学生信息泄露，尤其是在网络化管理的大背景下，要加强对学籍处或档案处工作人员的网络安全培训，不点击来源不明的链接，避免受到校外恶意病毒的攻击而窃取学生信息。

（三）社会层面

政府应当出台并完善个人信息保护制度，从不同法律部门角度出发，构建多维度、多层次的个人信息保护制度，对于非法盗取、贩卖、交易公民信息的行为绝不姑息，严厉打击此类行为。同时，针对电信网络诈骗行为，要根据其特殊性制定相应的法律法规，完善网络刑事立法工作，建立起对电信网络犯罪的惩治制度。

四、结　语

大学校园电信网络诈骗现阶段屡禁不止，对大学生群体的影响极为负面且深远：一方面，此类诈骗行为不仅使大学生遭受财产损害，另一方面也对其身心健康造成危害，甚至造成生命凋零的后果。针对此现象，高校应当引导学生树立自我保护意识，妥善保管自身的个人隐私信息，并同时使用多样化、多视角的方式加强对学生的电信网络诈骗教育，从受害主体上增强其防范意识，有效杜绝校园电信网络诈骗现象。

习总书记在讲话中曾指出，网络空间是亿万民众共同的精神家园。网络空间天朗气清、生态良好，符合人民利益。网络空间乌烟瘴气、生态恶化，不符合人民利益。谁都不愿生活在一个充斥着虚假、诈骗、攻击、谩骂、恐怖、色情、暴力的空间。习总书记还明确了网络信息内容生产者禁止触碰的十条红线，其中就包括："……利用网络进行欺诈活动，散布色情材料，进行人身攻击，兜售非法物品等等，这样的言行也要坚决管控，决不能任其大行其道。没有哪个国家会允许这样的行为泛滥开来。"

只有多方合作、全社会重视，才能建立牢固的电信网络诈骗防治体系，才能为大学生营造一个良好的生活学习环境，才能保证未来的社会建设者平安健康成长。

参考文献

[1]"数字会说话：小心！电信网络诈骗暑期档来了"，http：//www. xinhuanet. com/video/sjxw/2021-07/22/c_1211252995. htm.

[2] http：//baike. baidu. com/link？ url = d4mudKWPoCugt1TzVzJzS5r7pijuND0V1 AfTy4RjsEul_6M9reM1AlWnvbDXWi-5O3jdOr6VUTdD2WvO7dB7g0PSVMJRZ omcLkeAXqsgmGjcozXW42ArcuXt XLmEBEtg.

[3]最高法、最高检、公安部出台《关于办理电信网络诈骗等刑事案件适用法律若干问题的意见(二)》严惩跨境犯罪　突出打击"两卡"犯罪　加强办案程序性保障，http：//www. court. gov. cn/zixun-xiangqing-310361. html.

[4]最高法、最高检、公安部出台《关于办理电信网络诈骗等刑事案件适用法律若干问题的意见(二)》严惩跨境犯罪　突出打击"两卡"犯罪　加强办案程序性保障，http：//www. court. gov. cn/zixun-xiangqing-310361. html。

[5]《第48次中国互联网络发展状况统计报告》，https：//www. cnnic. net. cn/hlwfzyj/hlwxzbg/hlwtjbg/202109/P020210915523670981527. pdf.

[6] 数十亿条个人信息明码标价"潜规则"盛行售卖泛滥成灾，http：//www. xinhuanet. com/2021-04-19/c_1127344970. htm.

[7]郑筱甜. (2021). 大学校园电信网络诈骗成因及防范对策研究. 中国新通信(16)，136-137. doi：CNKI：SUN：TXWL. 0. 2021-16-062.

[8]惩治电信网络诈骗犯罪的主要法律适用疑难问题，http：//temp. pkulaw. cn：8117/qikan/1510182803. html.

[9]https：//baike. baidu. com/item/%E5%88%B7%E5%8D%95/8171368.

[10]中华人民共和国国家互联网信息办公室深度解读《网络信息内容生态治理规定》，http：//www. cac. gov. cn/2020-03/02/c_1584692437514622. htm.

关于高校充分发挥管理育人效能的思考

王若飞

（武汉大学文学院）

摘　要：推进"三全育人"，是新时代党对教育改革工作提出的重要命题。管理育人既是高校全员、全过程、全方位育人的重要组成部分，又是高校汇聚各方资源和力量实现协同育人的重要保障。管理工作蕴含着天然的育人优势，管理育人是实现协同育人的必然要求。高校要充分发挥管理育人的效能，必须牢固树立"以学生为本"的价值理念，整合资源、汇聚力量，科学构建符合"三全育人"理念的高校现代化治理体制机制，牢牢抓住制度和队伍两个关键要素。

关键词：三全育人；高校；思想政治工作

《国家中长期教育改革和发展规划纲要（2010—2020年）》指出，教书育人、管理育人和服务育人是高校培养人才的三大途径。2017年2月，中共中央、国务院印发的《关于加强和改进新形势下高校思想政治工作的意见》也明确指出："坚持全员全过程全方位育人。把思想价值引领贯穿教育教学全过程和各环节，形成教书育人、科研育人、实践育人、管理育人、服务育人、文化育人、组织育人长效机制。""三全育人"的提出，是新时代党和国家从培养社会主义建设者和接班人的战略高度出发对高等教育改革提出的重大命题。"三全育人"的科学理念一经提出，就受到高校教师和管理干部队伍的广泛关注和重视，也引起了大家的积极思考和初步探讨。笔者认为，其中的管理育人既是新时代高校全员、全过程、全方位育人的重要组成部分，又是高校汇聚各方资源和力量实现协同育人的重要保障，也是七大育人体系中相对薄弱的一环。充分发挥高校管理育人效能，需要从价值理念、体制机制、工作抓手等多方面进行思考与建设。

一、高校为什么要发挥管理工作的育人效能

(一)培育人才是高校一切工作的根本使命

我们的高校是党领导下的高校，是中国特色社会主义高校。高校最根本的任务是立德树人，"努力培养担当民族复兴大任的时代新人，培养德智体美劳全面发展的社会主义建设者和接班人"，解决好"培养什么人、怎样培养人以及为谁培养人"这个根本问题。高校管理工作首先决定办学理念、办学方向，也是一个涵盖教育教学、学生服务、组织人事、后勤保障、资源整合、制度规范等多方面的系统工程，它为学校的人才培养、科学研究和社会服务等功能的实现创造条件，其最终目的都是为社会主义现代化建设培养合格建设者和接班人。因此，高校全部工作都应围绕如何有利于为党和国家培养一流人才，确保立德育人成效去开展。

(二)管理育人是实现协同育人的必然要求

"一个骑兵连的进攻力量或一个步兵团的抵抗力量，与单个骑兵分散展开的进攻力量的总和或单个步兵分散展开的抵抗力量的总和有本质的差别"马克思这段话借军事作战策略讲述了系统的整体性和重要性原则，各个独立要素通过科学的方式构成的系统整体具有要素在分散和孤立状态时不具备的功能，且常常能大大超过各要素简单相加的功能之和。

青年大学生价值观念、思想品德的形成和发展，受到施加于他们的全部因素的影响，包括社会的、家庭的和学校的。就学校生活来说，大学生的思想成长会同时受到课内课外、线上线下，学习、生活、社会活动等全方位的

影响。顺应新时代的要求，高校要实现理想的"立德树人"效果，就必须构建多方协同育人机制，在各领域实现教育目标和内容形式的协同，从而形成高校思想政治教育的最大合力。高校的管理工作既是这个协同育人链条上的重要一环，同时也是推动高校调动多方力量和各种育人资源实现协同育人的中枢力量，发挥着"骑兵连""步兵团"中"连长""团长"的职能。

(三)管理工作蕴含着天然的育人优势

在高校中，学生是教育教学的对象，也是管理的主要对象和主要价值承载者。教育教学与管理两者互相贯通、密不可分，教育中蕴含管理，管理中蕴含教育。一方面，管理为人才培养提供服务和保障，另一方面，管理直接或间接地发挥着育人的作用。如：高校制定的各种管理制度，本身即蕴含着育人导向，具有价值引领功能；管理者在与学生的接触中，为人师表，严于律己，以良好的职业操守和深厚的人文情怀，潜移默化地影响学生，甚至可以实现比课堂教育更好的育人效果。

二、高校发挥管理育人效能的掣肘所在

(一)管理育人的理念尚未真正形成共识

长期以来，高校大多数行政管理部门和管理干部因为并不直接参与教育教学工作，也较少地与学生直接接触，形成了"教育学生是教师和辅导员的工作，与己无关"的固有认识。因此，在管理工作中满足于完成上级部门和领导交办的工作任务，未能自觉将自己从事的管理工作与育人成效相联系，也不能意识到自己的工作作风、态度对学生形成隐性的教育影响，常常眼中"见事不见人"。这种长期形成的错误观念导致了高校管理队伍对教育缺乏关注和研究，对管理育人的理念一时难以形成共识。

(二)管理育人的体制机制需要科学构建

高校的管理工作是一个系统的复杂工程，涉及面广，人员庞杂。在高校

实行管理育人，就是要统筹办学治校各领域、管理服务各层级的育人资源和育人力量，形成育人全面坚实的工作基础，达到促进学生全面成长的育人效果。作为一种育人方式，管理育人要发挥好的效能，必须尊重教育规律，符合大学生成长成才的内在需要。作为众多育人方式中的一种，管理育人还必须与教学育人、科研育人、实践育人、文化育人、组织育人等协同配合，形成合力。这些都需要科学构建符合教育规律、符合实际情况的管理育人体制机制。同时，管理育人也不能仅靠管理者的认识和自觉，更要依靠制度和规范来提供约束和保证。管理育人的成效如何，还需要建立科学的考核评估体系。

(三)管理干部的育人素质有待提升

在管理育人的视域下，管理者兼任了教育者的职责，这要求高校行政管理队伍要做到紧紧围绕立德树人的根本任务，以管理行为、活动等为媒介，对学生的思想政治素质和道德品质等施加正向影响，发挥积极作用。这需要管理干部具有科学的教育知识、准确的角色定位和良好的育人能力。现今的管理干部队伍多长期承担繁重而琐碎的事务性工作，形成了简单落实、照章办事的思维模式和工作方法。对社会的深刻变革缺乏充分认知，缺乏系统的教育学、心理学相关知识培训和自我再教育，长期缺乏与学生的深入沟通等也是导致他们育人能力不足的重要原因。

三、对充分发挥高校管理育人效能的思考

(一)牢固树立"以学生为本"的价值理念

在100年的探索与发展中，中国共产党已经充分认识到人是最宝贵的财富，是力量之源、价值之本，并提出了以"以人为本"为核心的科学发展观。具体到高校而言，学生是高校中最重要的群体。学生既是高校管理工作的对象，更是高校管理工作的目的。高校管理工作最终要落实到促进学生的全面

发展、满足学生的精神文化发展需要、实现学生的根本利益和价值上来。高校学生管理工作说到底是为了学生的全面发展和学生的价值实现服务的。因此，坚持"以学生为本"是高校管理工作的本质要求。高校管理工作坚持"以学生为本"，要把学生作为管理工作的出发点和归宿点，真正做到以学生为中心，真心实意为学生服务，为学生的成长成才保驾护航；要把学生看作具有独立人格和自我价值追求教育主体，在管理育人过程中重视启发和引导学生内在需求，通过调动和激发学生学习和发展的积极性、主动性、创造性，使学生能自觉形成正确的思想政治素质和高尚的道德品质；要做到要尊重学生、理解学生、关心学生，尊重学生的需求、兴趣、创造和自由，在平等的基础上与学生进行思想沟通，充分考虑到学生发展的内在需求和心理需要，从而实现管理工作者与学生在民主、平等甚至是协助中实现相互促进，教学相长、共同提高的理想效果。

(二)构建符合"三全育人"理念的高校现代化治理体制机制

党的十九大报告明确提出了"推进国家治理体系和治理能力现代化"的目标要求，在高校构建现代化治理体系，提升治理能力，对于系统落实"三全育人"工作要求，更多更好实现为党育人、为国育才的根本任务具有十分重要的意义。要落实好"三全育人"的基本要求，必然涉及学校工作的各个方面和整体过程，这毫无疑问是一项极其复杂的系统工程。在高校现有的管理体制下，条块分割、各司其职甚至各自为政的情况较为普遍，还存在着诸多育人盲点、断点、难点、弱点和痛点。虽然近几年许多高校一直在努力推动"三全育人"工作落实落地，但大多存在和反映出工作抓手不充足不得力、落实不平衡不充分、实效不明显不突出等问题，这主要还是工作机制不健全不协调所导致。为此，必须对照"三全育人"总体要求，全方位深化高校管理体制改革，全面系统梳理高校内部的相关政策和体制机制，找到育人力量、过程和方位的的空白区和薄弱点，从政策制度、组织架构、资源配置等方面予以调整和优化，有效推动育人资源的整合，形成育人力量的汇聚，从管理层面促进高校整体形成一套符合"三全育人"工作目标的工作标准和模式。

(三)抓住"制度"与"队伍"两个管理育人的关键要素

高校管理育人的重要方面,毫无疑问重要的是"育德"。从学生个体道德的形成来说,道德是自律和他律的统一,道德他律与道德自律相互作用。制度既是高校管理学生的主要抓手,同时也是学生在学校应该遵守的行为准则。它不仅影响学生的外在行为规范,甚至很大程度上直接代替学生做出重要价值选择,从长远来说,潜移默化地影响学生的内在心理,从宏观视域看,它也直接塑造着校园文化氛围。要在制度上充分发挥育人效能,首先要在制度的设计和执行中,遵循思想政治工作的基本规律,坚持学生为本,坚持育人导向,突出价值引领,突出平等公正与人文关怀;其次要加强民主治校,使一线教职工和学生广泛参与学校管理制度的制订,加强他们的主人翁意识和共同遵守制度的责任意识,从而增强他们对学校发展理念和制度文化的深刻认同,更好地贯彻落实学校的育人理念。

好的制度确定后,管理队伍是决定管理水平和育人成效的关键因素。德高为师,身正为范,作为育人工作中的"施教者",管理队伍自身具有良好的道德品质和较好的能力素质是充分发挥管理育人效能的重要保证。因此,高校要特别注重加强管理队伍的师德师风和能力水平建设。作为管理干部,要带头遵守国家法律法规和学校的规章制度,用自己爱岗敬业的工作精神和乐于奉献的人格魅力影响和感染学生,在日常管理工作中给予学生更多平等、尊重、激励、鞭策、感化、包容和指导,使管理工作在"无形却有意""无痕却有方""无威却有爱"的育人方式中实现对学生世界观、价值观和人生观的正向引领。

参考文献

[1]国家中长期教育改革和发展规划纲要工作小组办公室.国家中长期教育改革和发展规划纲要(2010—2020年)[Z].2010-07-29.

[2]中共中央国务院印发.《关于加强和改进新形势下高校思想政治工作的意见》[EB/OL].新华网http://www.xinhuanet.com/2017-02/27/c_1120538762.htm,

2017-02-27.

[3]习近平主持召开学校思想政治理论课教师座谈会强调：用新时代中国特色社会主义思想铸魂育人　贯彻党的教育方针落实立德树人根本任务[N].人民日报，2019-03-19.

[4]马克思恩格斯全集：第二十三卷[M].北京：人民出版社，1972：362.

中国特色现代大学制度的法治实践研究

龚　韵

(武汉大学党政办公室)

摘　要：一流的大学需要一流的大学制度，构建具有中国特色的现代大学制度是加快我国高等教育现代化步伐的必然选择。中国特色现代大学制度建设，必须坚持党委统一领导高校法治工作，优化大学治理结构，发挥制度治校内核驱动作用，推进治理体系和能力现代化，营造良好法治文化氛围。

关键词：法治；现代大学制度；依法治校；治理结构

一、建立中国特色现代大学制度之时代背景

(一) 中国特色现代大学制度之时代内涵

现代大学制度是指大学作为独立法人实体，在政府的宏观调控政策指导下，独立自主地面向社会依法办学，在大学内部实行科学管理，合理划分行政权力和学术权力，实现大学与政府、大学与社会的和谐发展。现代大学制度概念中的"现代"不具有历史分期意义上的时间含义，而是一种具有"更好的、更理想的、更合理的高校治理模式"的价值概念。

中国特色现代大学制度是基于我国政治制度、社会现实和经济基础建立的全新大学制度，是立足于中国实际建立起来的一套理论体系和发展道路，

既要把对学术自由的尊崇和当代中国大学的具体情况紧密结合起来，坚持学术自由、探求真理的现代大学核心特质，也要根据时代发展赋予其鲜明的中国特色，使其成为理论、道路和制度体系的有机统一，坚定理论自信、道路自信和制度自信，为创建具有中国特色的一流大学提供了坚实的制度保障。

党的领导中国特色现代大学制度的本质和核心。习近平在全国高校思想政治工作会议上强调："我们的高校是党领导下的高校，是中国特色社会主义高校。办好我们的高校，必须坚持以马克思主义为指导，全面贯彻党的教育方针。办好我们的高校，必须坚持以马克思主义为指导，全面贯彻党的教育方针。""办好我国高等教育，必须坚持党的领导，牢牢掌握党对高校工作的领导权，使高校成为党的领导的坚强阵地。"党的领导即使中国特色现代大学制度建设的基本政治制度背景，也是现代大学制度的"中国特色"的重要体现。中国特色现代大学制度建设，必须把政治建设放在首位，把准办学的政治方向，充分彰显党组织特有的政治功能，明确党组织及其负责人与其他组织机构及其负责人之间的权力配置和边界，从而保证党对大学工作的领导权能够在大学法人治理结构构件及其运行机制中占据核心地位。

(二)建立中国特色现代大学制度之时代需求

当今时代全球化迅猛发展，中国大学既要迎接世界高等教育发展的挑战，又要解决自身发展过程中存在的一系列问题，由此引发我们对建立中国特色现代大学制度的重要性和紧迫性的深度思考：一是建立现代大学制度有利于加快我国高等教育现代化步伐。高等教育现代化需要与之相适应的现代大学制度作为保障和依托。我国作为高等教育的欠发达国家，许多大学中的许多制度尚处于空白，已经建立起来的制度也尚未论证其针对性和适用性。二是建立现代大学制度有利于大学自身可持续性发展。在高等教育开放式发展中，大学之间的竞争在某种程度上是制度的竞争。世界上很多一流大学之所以长盛不衰，就在于其有健全的、长效的、动态的制度作为保障。三是建立现代大学制度有利于大学依法办学、依法治校。大学是一个牵涉各方的复杂系统，只有建立现代大学制度，用制度处理大学的各种关系，才能促进大学有序、和谐与稳定地发展。

作为高教管理者，尤其需要根据高校的发展实际和面临的外部环境进行制度设计，改革创新中不断丰富和完善中国特色现代大学制度的理论体系和内涵建设，同时，要通过深化改革，真正把现代大学制度的理论精髓体现在高等教育改革发展的实践中，以高等教育改革的优秀成果践行中国特色现代大学制度的科学性和合理性。

二、发展中国特色现代大学制度之法治困境

(一)顶层设计：依法治校领导统筹工作机制不健全

依法治校顶层设计是高校法治建设、规划与部署的总体构想，是融合理论与实践的路径与蓝图，既有目标的明确性，又有具体的可操作性。目前高校对依法治校是缺乏顶层设计的，在高校章程制定实施、规章制度体系建设、内部治理结构优化、法治宣传教育、法治工作队伍建设等方面并未形成远景目标规划和常态工作机制。

(二)治理结构：大学内部权力运行职能发挥不均衡

高校内部治理结构的实质是对高校内部权力分配与制衡所作出的一种制度安排，以达到相关利益主体之间的权力、责任和利益的相互制衡，追求各方利益的协调和均衡。权力包括政治、行政、学术和民主四方面。目前来看，高校落实党委领导下的校长负责制还不够严格，党委领导作用不够，政治权力和行政权力职责边界模糊；学术权力需要进一步强化其在学术治理中的作用；民主权力容易被忽视，需要进一步激发师生民主管理的积极性。

(三)制度体系：规章制度供给质量执行效率不到位

规章制度体系缺乏层次，缺乏整体系统设计；规章制度间的协调不够，

甚至一些条文互相矛盾；制度不配套，对一些原则性的规定没有制定具体实施细则或办法，无法真正落实；管制性制度较多，救济性制度较少，体系缺乏一定的平衡性；存在用语不规范、格式不统一等立法技术问题；没有很好地建立制度执行工作责任追究机制，执行制度时产生时紧时松、虎头蛇尾或"雷声大雨点小"等情况，使制度执行的质量和成效得不到真正落实。

(四)法治理念：运用法治思维方式治理高校不彻底

高校一些领导干部法治思维意识比较淡薄，并未将依法治校作为高校治理之自觉行为，存在着以言代法、以权代法、有法不依等问题；有的领导干部法治方式能力欠缺，有管理中忽视决策程序，决策时没有依照法律法规规定的程序办事等问题；有的领导干部在决策和执法时，由于对法律的学习领悟不够，机械地按照法律条文办事，发生一些违背法律根本目的的事情；法治"说起来重要，干起来次要，忙起来不要"现象仍然存在。这些问题和现象的发生，都损害了正常的治校秩序。

三、完善中国特色现代大学制度之法治举措

(一)坚持党委统一领导，总体布局统筹规划法治建设

1. 坚持党委统一领导高校法治工作

中国的大学具有鲜明的社会主义属性，这从根本上决定了我国高等教育必须始终坚持党的领导，坚持社会主义办学方向。只有坚持党在高等高校的领导地位，才能确保大学内部治理结构改革和治理体系建设的正确方向，实现全面从严治党与依法治校的高度契合、紧密衔接与有机统一，确保高校治理体系和治理能力现代化的实现。中国特色现代大学制度建设必须以习近平新时代中国特色社会主义思想为指导，深入贯彻党的教育方针，全面推进依法治校，以法治思维与法治方式深化综合改革。

2. 建立依法治校统筹工作机制

（1）统筹方式。

成立依法治校领导统筹机构。

（2）目标要求。

以建设中国特色世界一流大学为中心，坚持以学生为本、以人才强校，在高校人才培养、教学科研、发展规划、组织管理、资源配置、社会服务合作等工作中贯彻法治精神，运用法治思维和法治方式处理深化改革、促进发展。

（3）工作职责。

贯彻落实中央关于全面推进依法治国的重大方针政策和国家关于全面推进法治建设的决策部署；

研究提出全面推进依法治校的重大政策措施；

研究制定依法治校建设指标体系和考核标准；

研究制定法治建设中长期规划和年度工作要点，安排部署全面推进依法治校的重点工作；

统筹协调处理全面推进依法治校工作中涉及全局性、长期性、跨部门的重要问题。

（二）优化大学治理结构，推进治理体系和能力现代化

1. 健全高校决策、执行及监督机制

要依法明确、合理界定高校内部不同事务的决策权，大力推进高校决策的科学化、民主化、法治化。凡是有关高校发展方向、重大教育教学改革、基本建设和与师生切身利益相关的重大决策，都要进行合法性、合理性、可行性和可控性评估。对于重大决策的执行，高校要跟踪评估、充分掌握有关各方对决策执行的反响及决策执行的效果，进而对于决策的执行作出及时调整。健全权力监督与制约机制，形成决策权、执行权与监督权既相互制约又

相互协调的内部治理结构。

2. 完善学术权力运行体系

理顺行政权力和学术权力的关系，健全学术研究的保障与监督机制，完善学术评价制度。充分保证教师的学术自由和教学自主权，激发教师的创新活力，促进学科建设、教学管理和学术创新的科学发展，充分发挥学者治学作用。

3. 强化民主管理参与机制

充分发挥教职工代表大会、学术委员会、教授委员会和学生代表大会等组织在依法治校中、民主决策机制中的作用，保障师生参与高校治理的权利。

(三)以制度治校为内核，提升规章制度体系建设水准

1. 发挥制度治校的内核驱动作用

高校治理系统的现代化首先是制度体系的现代化。一个体系完备、程序严密、运行有效的规章制度体系，将引领高校工作的法治化、规范化，为深化十四五改革、推动双一流建设营造海晏河清的良好局面。制度治校即是通过章程和规章制度界定高校内部各机构的决策权、执行权与监督权的权属、内容和程序，规范各机构按照章程和规章制度开展工作。例如界定党委全委会、党委常委会、校长办公会、学术委员会议事规则，明确师生参与、专家论证、风险评估、合法性审查和集体讨论决定的程序要求。又如明确各职能部门和学院自身所承担的职责范围，细化各项工作流程，将责任落实到岗位、到人员，将内容具体到标准、到时限，逐级细化责任归属，确保工作有人抓、问题有人管、责任有人担，做到权力责任清单梳理工作的全覆盖，确保师生合法权利得到尊重和保护。

2. 坚持规章制度立改废工作并举

坚持高校规章制度与时代发展同频共振。要按照构建完善的校内规章制

度体系的要求，科学编制规章制度制定工作规划和年度计划，明确规章制度体系建设的目标、任务和实践要求，形成以根本制度、基本制度、具体制度三级架构的分级规章制度体系。抓紧制定出台一批新的规章制度，适应新时代中国特色现代大学制度建设的要求。调整修订一批已有的规章制度，解决一些领域内规章制度失之于散、碎片化、相互冲突的问题。及时废止滞后于实践发展的规章制度。定期组织开展校内规章制度集中清理，完善即时清理机制，适时开展专项清理。

3. 提高规章制度执行力和落实力

再好的制度如果在执行时使之与软、失之于宽，则必然失去效力。要让制度发力生威，关键是毫无保留地执行。要坚持以上率下，从领导干部做起，以身作则、严格要求，带头尊规学规守规用规。要敢于负责、用于担当，切实抓好分管领域、分管部门的规章制度贯彻落实工作。将规章制度实施执行情况作为工作督查的重要内容。制度的笼子扎得紧不紧，很大程度上取决于监督严不严。要畅通师生对违规违纪、执规不严等行为的反映和检举渠道。加大责任追究和惩处力度，严肃查处违反高校章程和规章制度的行为。

(四)培育师生法治信仰，营造浓厚校园法治文化氛围

1. 国家宪法日学习宣传活动

宪法是我国的基本大法，指导着教育法律法规的制定，同时指导着依法治校的发展方向。高校要以国家宪法日为抓手，安排布置全年的法治宣传工作，注重普及宪法知识，培养管理系统、师生的法律意识。

2. 增强高校管理人员依法治校意识

领导干部对依法治校的认识要再深化。依法治校是高校治理的基本理念，也是高校管理的基本方式，要站在高校工作的全局看待依法治校。不能把依法治校简单理解成一个单项的、局部的工作。领导干部要进一步重视依法治

校，使高校的办学、管理、教育教学都符合法治的要求。领导干部谋划工作要运用法治思维，处理问题要运用法治方式，说话做事要先考虑是不是合法，做到在法治之下、而不是法治之外、更不是法治之上想问题、作决策、办事情。高度重视职能部门管理理念和方式的转变，切实增强高校职能部门工作人员依法、依章程办事，为师生服务的意识。逐步建立和完善高校领导干部、职能部门工作人员学法考勤、学法档案、学法情况通报等制度。创新学习方式，用好远程教育网络、微信公众号等平台，推动广大党员学习规章制度常态化。通过多种形式促进高校各级领导干部、职能部门工作人员勤于学法、严于尊法、善于用法。

3. 全面增强教师和学生的法治意识

认真开展对教师和学生的法治培训和宣传教育。高校在教师入职培训、岗位培训中等环节要组织教师深入学习有关落实国家教育方针、规范办学行为、维护教师合法权益、保障教职工民主管理权的法律法规。重要的和新出台教育法律法规要实现教师全员培训。要深入开展学生法治教育的理论与实践研究，不断丰富法治教育的形式与内容，通过课堂教学、主题活动、社会实践、讲座访谈等多种方式，将权利义务观念、规则意识、程序意识、契约精神等理念，渗透到学生行为规则和日常生活之中。

参考文献

[1] 张建华：《高校党委在构建中国特色现代大学制度体系中推进依法治校的实践研究》，《理论界》2016 年第 11 期。

[2] 祁占勇：《高等高校内部治理结构的完善与办学自主权的实现》，《陕西师范大学学报（哲学社会科学版）》2010 年第 39 期。

[3] 黄浩 胡科：《我国顶尖研究型大学内部治理结构研究》，《黑龙江高教研究》2021 年第 39 期。

高校党委领导下的
校长负责制理论思考与实践探索

蔡　强

（武汉大学机关与直属单位党委）

　　摘　要： 党委领导下的校长负责制是社会主义高校的鲜明特色，是党对高校的领导的重要方式。本文从发展脉络、实质内涵、运行要求等方面并结合武汉大学的实践探索对党委领导下的校长负责制进行了分析和研究，为依法治校背景下切实保障党委领导下的校长负责制正确实施提供了理论指导和实践借鉴。

　　关键词： 高等学校；领导体制；党委领导；校长负责

　　党委领导下的校长负责制是社会主义高校的鲜明特色，是党对高校的领导的重要方式，为提升高校治理能力、完善治理结构、助推高校各项事业内涵发展以及构建中国特色世界一流大学提供制度保障。坚持党委领导下的校长负责制并探索其在高校的具体实施路径，是贯彻习近平新时代中国特色社会主义思想，加强和改进高校思想政治工作需要解决的重大问题，也是着力完善高校治理体系，持续提升治理能力的重要课题。

一、党委领导下的校长负责制的发展脉络

　　我国高校现行领导体制的形成有其历史发展的过程。大致来说，由1949

年借鉴苏联实行"校长负责制"，到1956年党的八大以后，随着加强党对高校的领导而提出的"党委领导下的校务委员会负责制"，再到1961年总结历史经验教训提出"党委领导下的以校长为首的校务委员会负责制"。"文革"后从1978年开始，实行"党委领导下的校长分工负责制"。1985年后，在党和国家领导体制改革的大背景下，提出"高等学校逐步实行校长负责制"。1996年中央进一步明确强调，"高等学校实行党委领导下的校长负责制。校党委统一领导学校工作，支持校长按照《中华人民共和国教育法》的规定积极主动、独立负责地开展工作"。1998年《中华人民共和国高等教育法》明确规定："国家举办的高等学校实行中国共产党高等学校基层委员会领导下的校长负责制"，以法律形式把党委领导下的校长负责制作为高等学校的领导体制固定下来。

党的十八大以来，党中央作出了一系列重大部署加强党对高校的全面领导和高校党的建设，2014年10月，《关于坚持和完善普通高校党委领导下的校长负责制的实施意见》(以下简称《意见》)印发，直接规定党委领导下的校长负责制是党对国家举办的高校领导的根本制度，并就党委如何集体领导、校长如何主持行政工作、党政议事决策制度及党政之间的协调运行机制等关键问题作出具体规定。这是党中央推进中国特色现代大学制度建设的重要举措，为加强高校党的建设工作、完善高校领导体制和运行机制提供了重要遵循。2018年，中共中央组织部和中共教育部党组联合印发《高校党建工作重点任务》，将认真执行党委领导下的校长负责制设定为第一项重要任务，就高校党委发挥领导核心作用、健全贯彻执行民主集中制的具体制度、建立落实党委领导下的校长负责制情况报告制度等方面进行了具体规定。2021年4月16日，中共中央发布了新修订的《中国共产党普通高等学校基层组织工作条例》(以下简称《条例》)，对高校党委的地位和作用作出了更完整、更全面的概括，进一步明确了高校党委领导下的校长负责制的目标任务、实现途径和落实措施。

二、党委领导下的校长负责制的实质内涵

党委领导下的校长负责制本质是在坚持党委全面领导的基础上，支持校

长依法行使行政权力。"党委领导"与"校长负责"是相互协同、不可分割的有机整体，统一于社会主义大学治理逻辑之中。准确理解党委领导下的校长负责制的思想实质和制度内涵，必须坚持一个原则、把握三种关系。

坚持一个原则，就是坚持党的领导这一基本原则。东西南北中，党政军民学，党是领导一切的。习近平总书记在全国高校思想政治工作会议上强调："高校党委对高校工作实行全面领导，承担管党治党、办学治校主体责任，把方向、管大局、作决策、保落实。"这为新时期坚持党委领导下的校长负责制指明了方向。

在坚持党的领导原则基础上，要把握好以下三种关系：

一是党委领导与校长负责的关系，明确党委和校长的定位。《意见》中明确了党委领导和校长负责的主要方式与内容，规定了党委和校长的地位与职责。简言之，党委负有对学校发展的战略性、全局性、根本性问题作出决策的责任；校长负有把党委决策转化为具体行政措施并加以落实的责任。党委领导是集体领导，校长负责是个体负责。党委领导与校长负责是辩证统一的关系，校长负责以党委领导为前提，党委领导以校长负责为基础。要按照"党委领导重在决策，校长负责重在执行"的理念，把握好党委领导与校长负责的关系，实现决策权、执行权、监督权相对分离。

二是班长与校长的关系，明晰书记和校长的职责。在"党委领导、校长负责、教授治学、民主管理"的现代大学治理结构中，书记与校长之间的关系是一种特殊的人际互动关系，两者的团结协作是党委领导下的校长负责制有效运转、高效落地的关键要素。书记作为党委领导集体的"班长"，要充分发扬民主，实行正确的集中，"做到总揽而不包揽"。作为党委副书记的校长要自觉接受党委领导，组织实施党委有关决议。"君子和而不同"，书记和校长要站在贯彻落实中央精神的高度，从把握学校事业发展全局出发，相互信任、密切合作，在求同存异中高质量形成"黄金搭档"关系。

三是民主与集中的关系，落实集体领导和个人分工的责任。要在遵守党的政治纪律和政治规矩的基础上，按照"集体领导，民主集中，个别酝酿，会议决定"的原则研究重大事项，推动科学决策和民主决策，防止出现独断专行和软弱涣散两种倾向。同时，每一位班子成员都应该认识到，个人分管工作是全局工作的一部分，需要相互配合；集体领导是个人领导的综合，但不是个人领导的简单相加，从而实现整体工作效能的最大化。

三、党委领导下的校长负责制的运行要求

按照社会主义政治家、教育家标准选配好领导班子并不断健全和完善议事决策与协调运行机制，是推进党委领导下的校长负责制贯彻落实的重要保障。

一要组织做好领导选配。高校领导的二元体制，尤其需要书记校长选配适当。2017 年 2 月，中共中央、国务院印发的《关于加强和改进新形势下高校思想政治工作的意见》强调："按照社会主义政治家、教育家标准，选好配强高校领导班子特别是党委书记和校长。"按此要求，在书记和校长的选配上应把握三点标准：一是思想品格上都应以学校发展大局为重，不计较个人名位；二是业务素质上都应该是高等教育管理的内行，书记应该是懂教育的政治家，校长应该是懂政治的教育家；三是性格因素上的互补，相对刚柔结合，至少有一人在性格上比较能够包容。

二要健全议事决策机制。在高校贯彻落实党委领导下的校长负责制的过程中，必须要明确决策议事的原则、范围、程序等实体性和程序性规定，分别研究制定党委会和校长办公会的议事决策规则，突出二者的定位。首先，要明确议事决策主体，有效保证党委会和校长办公会分工科学、职责明确。其次，要规范议事决策程序，以程序性制度建设规范议题的提出与确定、讨论决策的程序与方式等。党委集体讨论决策重大事项必须坚持党的民主集中制基本原则；校长办公会讨论决策重大事项实行民主集中制原则指导下的校长负责制，坚持充分发扬民主、会议集体议事、校长最后决定的决策原则。最后，要建立调研和咨询制度，增加重大问题和重要事项研究决策的科学性和透明度，建立专家咨询、听证、论证等制度，切实建立起公开透明的议事决策机制。

三要完善协调运行机制。要按照贯彻民主集中制基本原则的要求，坚持和发挥好党的优良传统和作风，切实加强班子成员之间的沟通、协调与团结，凝聚发挥集体智慧，形成工作合力，充分做到协调运行，有效保证党委领导下的校长负责制的贯彻执行。党政分工不分家，对重大行政管理问题，党政主要领导协调配合共同抓。责任机制上，在校长负责制的范围内，校长对行政管理问题有最后决定权；书记如认为不妥，可以按照党委对行政的监督程序在常委会提出审议和监督。要充分发挥党内政治生活优势，以班子成员交流沟通和谈心谈话的常态化、长效化，建立起党委书记与校长、书记校长与班子其他成员定期沟通协商机制。通过沟通达成共识，形成共同的目标，促进工作有序开展。

四、武汉大学关于党委领导下的校长负责制的实践探索

近年来，武汉大学按照中央要求，坚持加强党对学校工作的全面领导，从健全制度体系、优化决策程序和完善体制机制等方面着力加强党委领导下的校长负责制。

一是构建完备的制度体系。武汉大学围绕贯彻和加强党委领导下的校长负责制，在实践中不断提升认识和工作水平，2021 年 10 月，学校制定了《中国共产党武汉大学委员会坚持和完善党委领导下的校长负责制实施办法》，进一步明确党委在学校事业中的核心领导地位。同时，学校修订了党委工作规则和全委会、常委会以及校长办公会议事规则，修订"三重一大"实施办法，构建形成了党委领导下的校长负责制"1+5"制度体系，有力保障了议事决策更加科学清晰、规范，提升了议事效率和效果，让党委领导下的校长负责制在学校落地见效。

二是构建规范的决策程序。科学决策是落实党委领导下的校长负责制的关键内容。学校在实践中着力探索清晰、科学的常委会、办公会议事内容和决策程序。一方面，提升议事决策规范性。严格会议召开程序，规范议事决策外在流程。同时，拟由党委常委会讨论决定的重要事项方案要先通过校长

办公会研究。另一方面，提升议事决策科学性。各类议题在提交谈论前应广泛听取各方面意见，进行认真调查研究和论证，充分发挥学术委员会、专家评估及技术、政策、法律咨询、教职工代表大会等机构和渠道的决策参谋作用。此外，构建议定事项提醒督查制度，定期开展专项督查，加大党委决策的落实力度，形成"调研决策落实"工作闭环。

三是构建协调有序的运行机制。一方面，构建领导班子成员沟通交流机制，促进领导班子成员深入交换意见。推动班子成员相互尊重、相互信任、相互鼓励、相互支持、相互理解，凝聚集体共识，形成工作合力，促进领导班子成员在工作推动中协调配合，提升重要决策和重大工作推进的质量与效率；另一方面，坚持和完善院系党委会议和党政联席会议制度，健全集体领导、党政分工合作、协调运行的工作机制，强化院系级党委的政治功能，保证党的路线方针政策和学校各项决定的贯彻落实。

党委领导下的校长负责制作为经过实践检验的领导体制，随着高等教育综合改革的不断深入必须予以坚持并不断探索发展。高校也要进一步深化对党委领导下的校长负责制的理解和认识，促进高校领导体制不断完善，为推动高等教育事业科学发展提供坚强的制度保障。

参考文献

[1]刘泽政. 中国共产党领导下的高校领导体制百年发展：历史演进、基本特征与未来展望[J]. 当代教育论坛，2021(5)：21-31.

[2]李家俊. 党委领导下的校长负责制的实践与思考[J]. 中国高等教育，2019(24)：4-6.

[3]傅江浩. 高校党委领导下的校长负责制之思考[J]. 学校党建与思想教育，2013(1)：6-7.

[4]赵永贤. 坚持和完善党委领导下的校长负责制[J]. 求是，2011(3)：51-52.

依法治校背景下的教育统计工作探析

张 昭

（武汉大学科研公共服务条件平台）

摘 要：高校统计是高校依法治校的重要内容，是实现科学管理的重要手段，是制定办学规划的重要依据，本文简单描述了依法统计工作在高校管理中应起到的作用，同时对统计现状、统计困难进行了描述，并对依法治校中的统计工作提出相对的理解。

关键词：依法治校；统计；问题

教育统计信息管理工作是反映学校教育基本状况、展示学校改革和发展成果、制定学校发展规划、加强学校宏观管理和科学决策的重要依据，因此也是学校实现依法治校的重要支撑。就目前的观察，由于很多高校对统计工作认识不足，使得统计工作还存在诸多问题和薄弱环节，从而导致统计工作的三大职能无法发挥作用，更无法支撑学校改革和战略发展的需要。结合高校统计工作的实际情况，做一些简单的探析。

一、依法治校中教育统计工作应起到的作用

近年来高校办学自主权越来越大，对原有的教育统计工作提出来更高的质量和规范要求。主要体现在：教育统计信息的形成必须严格按照《统计法》和《教育统计暂行规定》的有关条例和规定进行；教育统计信息都是以

数量的形式反映出教育活动与教育现象；采集的数据有严格的时间要求，一般是发生一学年度内；数据的采集、整理和汇总过程中。运用了数学建模等算法使数据更加具有准确性；教育统计反映出人员配置情况、经费统计情况、工作统计情况、成果统计情况、固定资产统计情况、建设基本情况。

通过对这一系列统计指标反映出来的统计数据进行分析，并根据国家有关指标进行分析比较。可以初步判断学校自身的优势和不足之处，从而进行下一步的工作部署，特别是生师比、研究生学位教师比、生均图书、生均占地、生均宿舍面积、生均年进书量。通过一系列指标比较，可以让高校更加明确办学指导思想，指明办学方向，从而提高决策依据性，为学校实现法制化、科学化、规范化提供有力支撑。

二、高校统计工作的现状

(一)数据形式单一，信息服务不够

高校统计填报的《高等教育基层统计报表》，虽然涵盖了学生信息、教师信息、基本办学条件等内容，但对于科研、教学信息却涉及的狠少，从而不能系统、全面、完整地反映学校的办学情况。另一方面，部分高校由于存在口径不同一、数据来源不一致等问题，导致统计数据存在不完整或不正确的情况，从而妨碍了统计信息职能的发挥。

(二)统计数据的准确性不够

统计工作的第一要素是数据的准确性。但现实中人员素质低、法律意识不强、个人理解指标的误差，都会导致统计数据质量不高。

(三)缺乏数据共享，咨询服务不够

许多高校填报数据之后，束之高阁，没有将数据整理汇总并反馈给职能

部门，进行近一步的数据剖析，从而导致数据对服务学校决策提供参谋服务、发挥统计监督等方面做的不够深入。

三、制约事业统计工作的原因分析

(一)制度体系不够健全

有些高校还未建立、健全规范统计制度，对统计资料的归档、使用、保管等环节的管理比较混乱。部分高校没有将统计管理具体到职能部门，导致数据交接脱节，从而导致数据前后衔接不上、数据不一致、不符合逻辑的情况，更无法满足学校发展规划提供科学决策依据的要求。

(二)多头领导和布置

各级统计业务部门和学校管理部门多头布置报表，致使统计报表数据数出多门、数据打架等问题。相关单位布置统计工作只求方便，既不召开工作布置会，更没有统计业务培训和讨论，光凭统计人员个人经验自行理解和经验判断，从而很容易让数据重复或遗漏。

(三)统计数据的口径差异

统计数据的口径差异造成数据的差异。比如以前，统计就业率的口径比较宽，包括正常就业，也包括出国、考研、灵活就业(如自由职业者)。不过，近些年，随着学生在就业过程中暴露出的问题，口径已经分得很细，也更科学了。比如，有的企业让学生签实习协议，先考察学生，不直接签劳动合同。随着就业压力的逐渐增大，企业会先选定几个候选人，在实习三个月或半年之后，再留下其中一部分人签合同，学生在这段时间里就只能算实习。以前这种情况不算就业，现在也算了。

四、加强高校统计职能的思路

(一)加强统计队伍建设，提高统计人员素质

首先要保持统计队伍的稳定性。高校必须按照《统计法》和《统计法实施细则》的相关规定，根据学校统计任务需要建立健全内部工作体系，确保不管内部机构如何调整，统计工作的职责始终存在并能落实到位。

(二)增强统计法制观念

高校统计必须牢记树立统计法制观念，健全法制，依法统计。首先要加强法制宣传教育，提高统计人员的法律意识。其次制定切实可行的制度和措施，强化统计工作管理。学校应结合自身特点，制定有关统计工作的规定，用各项制度管理好人员，真正做到管理人员有法可依，有据可查。

(三)理顺关系，明确工作流程

统计工作涉及学校多个职能部门，因此，相关职能部门要负担起提供统计数据、管理统计资料、组织统计资料的调查事实主体工作。各部门按照法律规定，完成统计工作，确保统计口径、范围、上下衔接，避免一门多数或数无可查的现象发生。

(四)科学组织填报，部门分工协作

首先要加强培训沟通，填报前专门召开工作会议，分析存在问题和经验做法，组织系统学习报表结构、指标内涵和填报要求。牵头统计部门要充分发挥桥梁枢纽作用，做到跟踪指导，及时解决各单位填报过程中遇到的问题。

随着高等教育的改革和发展，高校统计工作将面临新的机遇和挑战。因而高校统计人员更加要强化依法统计的观念和意识，从而为学校决策和服务

提供有力支撑。

参考文献

[1]莫燕，对高校统计工作的几点思路[J]．大同职业技术学院学报，2006（02）．

[2]曹梅凤．高校统计与高校管理[J]．经济师，2006(07)．

[3]余立，依法治校下的高校统计工作探析[J]．北京工业大学·高教在线 2016(04)．

[4]王巧文．浅议高校统计工作[J]．福建商业高等专科学校学报，2004(05)．

[5]李杰玲．高校统计工作应走向"四化"[J]．保险职业学院学报，2000(01)．

基于"依章办学"的大学院系建制思考

郭衍良

(武汉大学发展规划与学科建设办公室)

摘　要: "依章办学"是"依法治校"的重要内涵,学科院系建制是学科发展的组织保障。大学应依据章程进行学科院系建制设置、调整。科学的学科建制体系对学科发展的促进作用明显,但交叉学科发展与学科院系建制存在悖论。在交叉学科快速发展和日益重要的当下,大学在进行学科院系建制设置和调整时,应在大学章程的规范下,完善基于传统学科的院系组织框架,创新基于交叉学科的组织建制设置,促进基于知识创新的资源分配模式,落实基于科学决策的合理论证机制。

关键词: 依章办学;学科建设;院系建制

以制定和实施大学章程为契机,众多高校开始更加深刻地认识到,推进院系建制调整,以更好地适应和促进学科发展需要的重要性。在高校办学实践中,学科院系组织建制有无、独立与否,意味着相应办学资源要素的分配多少,意味着学科发展资源的获取能力,影响了学科规模、潜力和竞争力。然而,随着时代发展和学科变革,交叉学科概念和体系日益明晰,在学科建设体系中的影响和地位急速提升,相关群体对相应组织建制的渴求也日益强烈。本文主要就新时代背景下,在"依章办学"维度下,谈谈对于传统学科、新兴交叉学科与学科院系建制的关系思考。

一、"依章办学"与院系建制

(一)大学章程与院系建制

大学章程是"依法治校"的核心，是大学的基本法，是大学传统、文化、精神、目标的提炼和概括，也对院系进行重要规范。院系是现代大学的基本组成单位、是高校履行各项职能的具体承载和实施单位。从各校章程看，都对院系设立、变更、调整的原则、程序、职能、权限等做了明确规定，其中始终存在的逻辑线之一就是学院设置和学科建设的密切关联，始终回避不了的事实就是学院发展和学科水平的相互促进或制约。

(二)"依章办学"的进展概况

章程建设是《教育法》和《高等教育法》的明确规定，"依章办学"是"依法治教"的重要内涵。自 2013 年底教育部核准中国人民大学等校章程以来，75 所教育部直属高校均已完成章程制定和核准工作，一校一章程"有章可依"的格局基本形成。2017 年以来，北京大学等 17 所高校也先后完成了章程修订工作。更多的高校也根据新时代办学新要求，启动了章程修订工作，"有章必依"的新局面正在形成。

二、院系建制与学科建设

(一)学科院系建制是学科发展的组织保障

学科院系建制，一方面是学科知识体系和共性规范的外在社会体现，也是保障、促进学科逻辑观念成长成熟的条件。一门学科能够在高校中拥有专门的院系建制，意味着有专门的队伍在专注于学科内涵建设和研究，也意味着有源源不断的生源和新生力量加入学科事业，意味着有专门的岗位、指标等办学资源要素在为学科发展提供保障。从这个角度来说，组织建制是学科存在和发展的重要社会保障机制，没有成熟的组织建制，学科难以生存，也得不到发展。所以，高校中独立院系、研究所的设置经常成为判断一门学科成立的重要标志。

(二)院系建制调整对学科发展的促进作用

建国以来，我国高校经历过两次大的院系调整，主要是高校之间的拆分整合。但调整的基础，是以学科师资为核心的院系重新构架与组合。20世纪50年代的调整，初步形成了国家、行业部委和地方条块分割管理所属高等学校的高等教育管理体制，增加了许多单科性学院。90年代的院系调整结束了之前条块分割时期行业高等学校封闭僵化、小而全的局面，改为了国家和省两级管理的条块结合的高等教育管理体制，改善了专业过细、重复建设的局面。一批优势学科专业通过合并得到了补充，学科覆盖面拓宽，层次提升，为其跻身世界一流创设了条件。同时，高等学校合并在一定程度上为不同学科门类交叉综合、相互渗透提供了土壤和环境。

党的十八大以来，以制定大学章程为契机，在章程实施回顾和修改思考的过程中，众多高校，特别是研究型大学纷纷认识到推进学科院系建制调整，优化学科建制结构，对于激发办学活力，促进学科发展和转型的重要性。在调整优化路径上，也纷纷根据各自学校定位、发展阶段、学科特点做出不同选择。

(三)交叉学科发展与学科院系建制的悖论

2020年，全国研究生教育会议决定将新增交叉学科作为第14个学科门类，在学科目录中得以设置，不仅符合当前科学发展和知识生产的新趋势，也契合了国家战略和经济社会发展的新需求。交叉学科是研究人员深度融合的学科，但也不同于传统意义上的学科。作为一门学科列入学科目录，意味着高校将会大规模地对应设置相应的教学、科研组织，成为能高效获取岗位编制、设施经费等办学资源分配的实体单位，从而有效地组织学科研究和培养学科人才。但正式独立的组织建制又有可能阻碍学科交叉发展，在交叉学科和其他学科之间建立起"坚硬"的组织"壁垒"，特别是高校基于学科资源分配体制还会进一步强化这种组织"壁垒"，从而可能人为地割裂交叉学科与其他传统学科的联系。从组织建制的角度来说，交叉学科建制建设存在悖论。

三、基于"依章办学"的学科院系建制思考

（一）完善基于传统学科的院系组织框架

梳理教育部直属高校章程，多数学校关于学院设置原则上均与学科分类有关。主要有四类：如南京大学章程规定"学校根据人才培养和学科建设的需要设置学院(系)，并根据发展需要适时予以调整"；浙江大学章程规定"根据学科分类设置学院(系)"，复旦大学章程规定"学校根据人才培养的要求和学科属性设置学院"；上海交通大学章程规定"学院(系)设置应有较宽的学科包容量，原则上应涵盖多个相近或相关的学科领域"；吉林大学章程规定"学校原则上以一级学科或学科群为依据设置学院"。无论是以学科分类、属性或者涵盖学科范围作为学院设置依据，都是基于学科目录设置学院。

纵观国际顶尖大学的院系设置情况，不管学科如何沿革，研究对象如何拓展，研究方法如何交叉，不管多学科、跨学科甚至超学科如何发展，大学院系基本上仍然是以传统学科分类为基础设置。基于单一学科或学科门类的传统学科院系，仍然是世界一流大学的基本组织框架。因而，完善基于传统学科院系组织框架，持续优化院系治理结构，更好地实现院系组织功能和办学目标，是现阶段大学在面临学科变革和科技革命进程中应有的战略坚守。

（二）创新基于交叉学科的组织建制设置

在交叉学科门类设立后，特别是交叉学科下设的集成电路、国家安全等一级学科均指向国家急需后，如何有效地建立起交叉学科门类的组织建制，如何处理好交叉学科与传统学科门类之间的关系，是一件重要且紧迫的要事。

国际高校大跨度的学科交叉组织早有尝试，如瑞典理工学院的"流体中心"，就有 43 个合作组织，其中含 25 所国内和国际高校、8 个国家实验室、10 个行业单位。

纵览国内绝大部分高校章程，均规定了学院设置的开放性条款：根据学科建设和发展需要适时调整。从北京大学前沿交叉学科研究院，到浙江大学之江实验室，到清华大学集成电路学院，顶尖高校在重大科技创新征途上，纷纷开辟了特色探索之路。基于章程设定，围绕交叉学科，聚焦问题、依托问题并以解决问题为目标，有目的、有意识汇聚跨学科、跨高校、跨界别的学术力量组成紧密的或相对松散的交叉学科组织，针对性地突破正式学科建制对学科交叉的"组织壁垒"，是现阶段大学在应对学科交叉和科技融合的创新应对。

(三)促进基于知识创新的资源分配模式

交叉学科是不同知识体系的集群和融合，学科交叉是学科发展和研究范式。无论是传统学科、交叉学科还是学科交叉，其存在的生命力、发展的驱动力，都来自于知识创新，也会产生新的知识。同时，也都离不开学科要素的保障和支撑，如人力、平台机制、设备空间、项目经费、应用场景和需求等。而打破学科发展的组织壁垒、时空限制、资源错配等制约，是基于知识创新和创新知识生产的资源分配模式需要解决的问题。

依据章程，学院等学科组织建制也"依章"享有相应办学职权。但同时，严格的科层式治理结构，按照层级和组织进行资源分配，"组织驱动""资源驱动"等内源动力过度强化了组织建制对学科发展的壁垒保护和隔绝，淡化了章程程序的实质性规范和约束效能，陷入某种程度上的"无章程"状态。在章程授予学院等学科组织的办学自主权范围内，深化评价改革，转变评价的指挥棒导向，基于知识创新规律，创新更有效能的资源分配模式，驱动教师、学生等创新主体的跨学科、跨学院共享，探索虚拟交叉学科组织建制等新型创新载体，以更好地突破组织、身份、时空制约，让知识创新回归到创新的道路。

（四）落实基于科学决策的合理论证机制

大学章程落实和高校自主发展是相互促进的，学科院系建制调整和学科进步发展也是相互促进的。在大学章程的框架下，学科院系设立和调整有完善的论证和决策程序。在学科院系调整的动议、论证、决策和实施过程中，"依章调整"面临历史经验、制度矛盾、权力惯性、主体意识、章程监督机制等方面影响，在办学实践中浅显或深刻地影响着论证的合理性、制约着决策的科学性。

推动学科院系建设调整从形式上"依章"到实质性"依章"，需要从两个方向出发。一是在"有章可依"的基础上，依据新时代的学科发展规律特别是交叉学科迸发的新形势，进一步完善章程，通过增加或修订相应的文件和程序规范，压缩决策相关方主观意图的幅度和空间。二是完善决策救济机制，增加"有章必依"的监督和追责途径，真正形成科学决策、权力制衡、学术治校、民主参与、有效监督的学科院系建制调整机制，为学科发展、知识创新提供强支撑、高韧性、薄壁垒的组织保障机制。

参考文献

[1]高山．高校依法治校的内涵及其实施路径——基于治理理论的视角[J]．浙江理工大学学报，2020，44（2）：215-220.

[2]陈廷柱．院系治理改革的路径选择及其系统化策略[J]．中国高教研究，2017，（1）：8-12.

[3]刘小强．论交叉学科组织建制的悖论和建设策略[J]大学与学科，2021，（3）：39-48.

高校校名校标管理优化研究

廖 婧

（武汉大学党政办公室）

摘 要：高校校名、校标是高校用以区别于其他高校的识别性标志，具有一定的商业价值和较强的社会影响力，是高校无形资产的重要组成部分。相当一部分高校对校名、校标类无形资产保护意识不强，管理措施不够，以至于校名、校标不规范使用行为普遍存在，而社会上不当利用高校校名、校标的行为也屡禁不止，例如校名、校标频频被抢注，超出授权范围使用高校校名、校标等等，侵权方式不断变换出新。本文从校名、校标的使用风险出发，在梳理当前高校校名、校标管理现状的基础上，在现行法律框架下，提出优化保护高校校名、校标最有效的管理建议。

关键词：高校；校名校标；管理；商标；保护

高校校名、校标是高校在社会活动中，用以确定和代表自身，区分其与其他事业单位的主要标志之一。高校一经依法设立，即产生名称权主体的独占使用效力，法律予以保护，依法享有决定、使用、改变自己的名称，依照法律规定转让其名称，并排除他人非法干涉、盗用或冒用的人格权。法人名称是区别不同企业的标志，进而可以区分不同的商品或服务来源，法人名称与该法人的商业信誉、商品或服务质量密切相关，可以在相关公众中产生一定的影响力，甚至给法人的商品或服务带来广告效应。法人名称权作为一项民事权利，主要受《中华人民共和国民法典》《反不正当竞争法》和《商标法》的保护。

一、高校校名、校标使用过程中存在的法律风险

近年来，社会上的单位或个人觊觎高校校名、校标背后所蕴含的巨大经济价值和社会影响力，不当利用高校校名、校标等标识。主要包括：未经高校许可，在同一种商品或服务上使用与高校名称相同的商标；未经高校许可，在类似商品或服务上使用与高校名称近似的商标；未经高校许可，在不同的商品或服务上使用与高校近似的商标；未经高校许可，将高校名称注册为企业名称中的字号；利用高校名称进行虚假宣传等。

二、校校名、校标类无形资产的管理现状

(一)制定高校校名校标专门管理办法

当前有部分高校制定了高校校名管理办法，从制度上规范校名、校标的使用管理，明确校名、校标的保护范围和保护主体，规定了校名、校标的授权(许可)使用的范围、要求以及程序等。例如浙江大学 2007 年就出台《企业冠用校名管理办法》，收紧"冠名权"，对一些校名使用严重不规范，与高校无关而冠用校名的挂名企业以及存在非法盗用校名的企业进行了清理。中国传媒大学 2016 年印发《中国传媒大高校名、校徽使用管理办法》，中央财经大学 2017 年印发《中央财经大高校名校徽管理办法》，电子科技大学 2019 年印发《电子科技大高校名校标使用管理办法》等等。

武汉大学 2020 年制定并发布了《武汉大高校名校标使用管理办法》，明确了校名、校标的保护范围，管理职责，经营性使用和非经营性使用的程序、要求等等，旨在进一步规范校名、校标的使用管理，维护高校声誉，保护高校权益。

(二)建立大学形象识别系统(UIS)

UIS 系 University Identity System 的简称，是对大学富有个性的精神、文化和行为规范等信息进行提炼，通过整体形象设计，规范高校商标、办公用品、活动宣传等视觉形象，提升大学品牌的知名度和美誉度。形象识别系统主要包括大学理念识别系统、大学行为识别系统和大学视觉识别系统。其中大学视觉识别系统则主要是统一校名、校标和院级单位组合使用规范，包括校旗、辅助图形、字体等等，用于明确和规范高校主要标识的样式和使用方法。

高校文化视觉形象设计系统由企业形象识别系统 CIS(Corporate Identity System)理论发展而来。部分高校引入了文化视觉识别系统，把高校的办学理念、校园文化、教学规范、工作环境等抽象概念转换为具体符号，统一校园形象，规范办公及校园环境，从而也扩大对外的形象力和传播力。例如北京大学在 2007 年成立了北京大学表示管理办公室，并制定了《北京大学视觉形象识别系统管理办法》，是由代表高校视觉形象的规范标志及其组合变化构成的系统，适用于高校以及各院(系、所、中心)、机关职能部门、直属附属单位的办公用品、事务用品、公文、会务用品、公关用品、环境布置等方面。系统分为基础系统及应用系统两大体系。基础系统包括高校标志、标准色、标准字体及组合方式；应用系统是基础系统在办公用品、事务用品、公文、会务用品、公关礼品、环境布置等方面衍生使用内容的总和。同样明确了北京大高校名、"北大"、北京大学标志已在国家商标局进行了商标注册，北京大学对其享有商标专用权。中国科技大学 2009 年发布了《中国科技大学视觉形象识别系统管理手册(试行)》，上海交通大学在 2016 年发布了《上海交通大学视觉形象识别系统管理办法》，同样包括基础系统和应用系统两大体系，其主要构成和适用范围与北京大学视觉形象识别系统基本一致。

(三)对校名、校标类无形资产申请注册商标保护

我国高校 20 世纪九十年代陆续开始将部分校园文化标识申请注册为商

标，早期如清华大学1997年将"清华"申请商标注册，武汉大学1998年将"武大"申请商标注册，浙江大学于1998年将"浙医大"申请商标注册等等。近年来全国高校对校名校徽类无形资产的保护重视程度不断提高，从高校商标注册的数量来看，北京大学注册商标总数超过1000件，清华大学注册商标总数400余件，浙江大学注册商标总数300余件，华中科技大学注册商标总数接近600件，部分知名高校对校名、校徽等标识主动申请了商标45类全类注册，多数高校对校名、校徽等标识主动申请了与高校职能联系最紧密的第41类和第42类教育、科研相关的类别。

高校商标注册的范围主要集中在：高校的全称、简称、英文译名、英文缩写以及历史名称等。高校的校徽、吉祥物以及其他突显高校特色的图形，例如武汉大学把120周年校庆标识图案申请了商标注册保护，南京大学将校园文化吉祥物"小南鲸"的卡通形象申请了注册商标保护。高校的标志性建筑和其他特色景点图案，例如清华大学的"清华园"，北京大学的"未名湖""燕园""博雅塔"，武汉大学的"珞珈山""樱花城堡""珞珈樱花"等等。

当前，高校主要通过商标注册对校名、校标等进行防御性保护，总体来看，知名度越高的高校商标保护意识越高，但仍有部分高校至今未申请商标注册。但高校目前对校名、校标的保护多数处于防御性的保护阶段，对已注册商标的实际使用和价值开发工作稍显滞后，商标的使用主要包括经营性使用和非经营性使用，非经营性使用主要指不以营利为目的使用校名、校标从事教学、科研、社会服务和文化传播等活动，经营性使用主要指以营利为目的使用校名、校标谋求商业利益的活动。高校注册商标使用过程中的法律风险主要集中在经营性使用领域，注册商标未经授权非法使用，在授权使用过程中超许可范围使用、超期使用等等诸多不规范使用行为，对高校声誉造成损害。

(四) 对涉嫌构成侵权的行为开展维权行动

尽管高校越来越重视对校名、校标申请注册商标保护，并尽可能将校名、简称和相关标识申请了45个类别的全类商标注册，依然无法阻止其他申请人申请注册同高校名称相近或类似的商标，以武汉大学为例，武汉大学注册了"武大"全类商标注册，但是"武大广博""武大师""武大珞珈""武大人"等被他人相继注册。层出不穷的"傍校名"行为让高校在校名校标的保护工作中难度倍增，也不断提醒了高校仅仅通过注册商标保护是显然不够的，不能彻底保护高校的校名、校标类无形资产不受侵害。主动出击打击侵权行为也十分必要，部分高校开展了校名校誉专项维权工作。一方面强化了对高校已注册商标以及校园标识等日常监测工作，一方面对不法抢注高校校名、校标的行为向国家知识产权局申请商标异议或无效宣告，对未经高校许可违法使用或不合理使用高校注册商标的行为采取相应的司法途径进行维权。例如以"清华大学"为当事人，以"商标权属、侵权纠纷"为案由在中国裁判文书网检索得出相关一审案件数量为 39 件，其中 2019 年高达 20 件。

三、高校校名、校标类无形资产管理建议

(一)充分重视对校名校标的保护

校名、校标的保护不仅仅是单纯经济利益的追求，更重要的是校名、校标承载着高校声誉和社会知名度，不当使用校名、校标的行为不仅侵犯了高校名称权益，对高校声誉和社会评价产生了非常负面的影响。高校作为事业单位法人，是从事非盈利社会公益事业组织，其强烈的社会属性容易让高校对校名、校标的使用相当局限，往往忽视对校名、校标类无形资产的市场价值和开发使用。高校对校名、校标类无形资产的保护意识不强、积极性不够。相当一部分高校的校名、校标类无形资产既没有注册商标进行防御性保护，也没有能通过校内规章制度规范使用、管理行为。知名高校绝大多数也仅仅停留在防御性保护阶段，即便对校名、校标进行了注册商标保护，但是对商标的合理使用、定期清理、主动维权并没有引起足够重视。因此，相当长一段时间内，不少高校的校名、校标等标识被他人抢注和不法利用，导致无形资产的流失。

（二）不断健全校内规章制度体系

校内规章制度和规范性文件是规范校名、校标使用和管理的基础，对推动校名、校标的开发管理、保护高校权益具有重要意义。校名、校标类无形资产的保护机构和管理制度的缺失，将直接导致校名、校标的使用不规范，内容及权属不清晰，以至于高校校名、校标被滥用或冒用的行为层出不穷。建立校名、校标制度保护体系，包括制定专门校名、校标管理规章制度，厘清管理机构和管理职责，完善高校校名、校标类商标许可使用制度，规范授权审批流程等等，一方面规范校内教职工的行为，明确校内教职工使用校名、校标的权利和保护义务，一方面明确对外授权使用的程序、要求和范围。

同时，可以借鉴北京大学、上海交通大学的做法，逐步建立视觉形象识别系统，设立专门管理机构，统一校园形象，规范办公及校园环境，充分发挥校名校标的价值，塑造良好的校园形象，扩大高校对外的形象力和传播力。

（三）逐步构建日常监测机制

在建章立制的基础上，高校要注重对校名、校标使用行为的日常监测，尤其是已授权商标的追踪管理和监督把控。通过实时监测和定期查询、检索，健全日常监测机制，全面掌握市场上的侵权情形存在的情况。

基于日常监测情况适时开展校名、校标保护工作：一是不断完善校名、校标注册商标保护，对校名、校标、景观、建筑等与高校密切相关的名称、徽标申请注册商标保护，结合高校工作实际，充分考虑商标的使用用途和范围，有区分、有重点地确定商标注册内容和类别，既不能只限定在第41、42类，也不能一味地进行45类全类别注册。

当然，高校校名、校标的商标保护不能仅仅局限在注册这一环节，对商标的使用也不容忽视，没有持续的使用行为，商标权也会在几年后消亡。《商标法》第四十九条规定"注册商标成为其核定使用的商品的通用名称或者没有正当理由连续三年不使用的，任何单位或者个人可以向商标局申请撤销该注册商标"。在申请注册的同时也要充分考虑对商标的盘活使用，采用多种方式使用商标，重视在不同媒介上的运用，激发高校校名、校标的商业价值。

（四）坚持适时打击侵权行为

在建立校名、校标规章制度，形成日常监测机制的基础上，对侵犯高校注册商标的违法行为，校名、校标的不规范使用行为，要及时出动出击，适时开展专项维权行动。针对侵权行为，可以采取请求行政机关查处，提起民事诉讼、行政诉讼等方式维护高校合法权益，主要包括：1. 向市场监督管理、公安等部门检举，根据《商标法》第六十条"有本法第五十七条所列侵犯注册商标专用权行为之一，引起纠纷的，由当事人协商解决；不愿协商或者协商不成的，商标注册人或者利害关系人可以向人民法院起诉，也可以请求工商行政部门处理"。对于侵犯高校知识产权的行为，如无法通过协商解决，可以向市场监督管理部门举报，要求市场监督管理部门介入处理，追究侵权人责任。如侵权行为比较严重，达到构成犯罪的标准，则可向公安机关举报，依法追求侵权人刑事责任。2. 向人民法院提起民事诉讼。按照《商标法》《民法典》有关规定，可以通过提起民事诉讼，依法追求侵权人民事责任。3. 向国家知识产权局商标局申请商标异议或向商评委申请商标无效宣告，针对高校校名校标被抢注、滥用或冒用的情形，可以按程序申请注册商标异议或者无效宣告。

综上所述，高校应当充分重视对校名、校标类无形资产的保护，建立并完善校名、校标保护机制，首先从制度上明确校名、校标的保护范围和使用规范，其次要注重日常工作中对校名、校标使用的管理、维护和监测，不定期开展综合研判工作，针对校内外出现的不法使用校名、校标的行为及时取证并采取合适的途径开展专项维权工作，保护学校合法权益，维护学校良好声誉。

参考文献

[1]王倩：《高校名称保护之法律困境及应对》，《人民司法》2019年第16期。

[2]白雪，李梦月：《探索高校文化建设中视觉形象设计的作用及实现路径》，

《美术教育研究》2021 年第 17 期。

［3］北京大学标识管理办公室机构概况，https：//vim. pku. edu. cn/，访问日期：2022 年 2 月 24 日

［4］数据来源：国家知识产权局商标局中国商标网，http：//sbj. cnipa. gov. cn/sbcx/，访问日期：2022 年 2 月 24 日。

［5］郭芳：《高校校园文化商标的使用与保护》，《中华商标》2021 年第 7 期。

新时代高校学生事务管理法治化探析

陈 磊

（武汉大学党政办公室）

摘 要：我国高等教育进入了新时代，高校学生事务管理的法治化越来越受重视，高校在实践中也取得了一些经验，但总体上看仍存在大量问题需要去研究和解决。本文从高校学生事务管理法治化的内涵、目前存在的问题以及解决思路三个方面着手，阐述了新时代高校学生事务管理法治化的建设路径。

关键词：高校；学生事务；法治

为全面落实依法治国要求，教育部印发了《关于进一步加强高等学校法治工作的意见》，对学校层面如何推进依法治校、建设现代学校制度提出了具体要求。依法治校是高校治理体系现代化的具体指引，是高校内部的基本依据，自然也对高校学生事务管理法治化提出了新的要求，高校学生事务管理面临的一些现实问题，也亟须遵循法治化予以解决。

一、高校学生事务管理法治化的重要内涵

现代高等教育的发展不能脱离法治的框架，高校的发展必然是全方位的，不仅仅包括学术研究、科技研发、学生与管理者教育者的素质提升，还有治理体系的改革和内部管理的优化。

(一)全面推进依法治校的必然要求

党的十九大开启了中国特色社会主义高等教育事业发展的新篇章,教育部明确指出要坚持和完善中国特色社会主义教育体制,推动高等学校治理体系和治理能力现代化,进一步加强高等学校的法治建设工作,全面推进依法办学、依法治教、依法治校。学生事务管理法治化是依法治校的必然要求,是学校治理工作的重要内容,是评判学校治理能力的重要标杆。高等学校必须适应新的形势,全面推进依法治校,全面提升内部治理水平。

(二)维护学生正当权益的客观需要

高校学生有着其身份的特殊性,作为成年公民,享有宪法及其他法律赋予的广泛权利。但在高校学习、生活,同时存在权利受到部分限制的情况。如何解决校园管理与学生权益之间的矛盾,这就要求高校必须依据国家法律政策,通过正当的程序,在广泛保障学生知情权、参与权的基础上,制定规范的管理办法,科学而民主地进行管理。学生事务管理法治化就是把法治理念融入事务管理的各个环节中,包括学生的权益、禁止性行为等各个方面,通过科学的决策与管理流程,使犯错误的学生承担相应的后果,无辜的学生不受不该有的惩罚,保障学生受到公平公正的对待。同时在学生权益受到损害时,有及时、合理的申诉机制和相应的权利救助机构,保障受到不公平对待的学生获得应有的权益。

(三)推动教育事业发展的重要基础

高等教育作为青年成长的重要环节,对促进社会进步具有决定性的作用。学生事务管理法治化,把法治融入管理工作的方方面面,进一步提升高校内部治理效能。在工作中,管理者依法管理、依规管理,学生依据正当的程序追求相关的权益,受到不公正对待后通过有效的渠道进行救济。校园管理模式愈加科学,管理效能愈加得到提升,教师与学生也拥有了更为纯粹的学习、研究环境,教育事业得到有力的推动,立德树人这一根本任务得到进一步彰显。

二、现阶段学生事务管理的现状分析

当前，我国高等教育面临新一轮的发展机遇，但由于管理体制机制的不完善不健全，依法治校尚未得到真正的落实，在日常工作中出现了一些偏差，主要表现在以下几个方面：

(一)管理理念相对滞后

随着社会高速发展，高校面临的问题越来越复杂，高校在学生事务管理中普遍采用传统的管理理念，以教育和引导为主，缺乏法治思维，无法及时有效的解决现实中的复杂问题。同时也存在高校对上位教育管理规章制度没有区别对待地套用、生搬硬套兄弟学校管理模式的问题，这些都导致高校管理法治化进程落后。

(二)管理者法治思维缺乏

虽然国家制定了大量的教育管理法律制度，但因为管理者的法治思维缺乏，宣传力度不大，重视也不够，导致在工作过程中流程不规范，无意间损害学生的权益现象时有发生。与此同时，高校管理者只是单纯地把学生作为行政管理的对象，忽视了管理和服务的双重属性，工作中服务学生的意识和观念淡薄，一味强调教育和管理，导致忽视法律理念和法律制度，对学生的权益造成损害。

(三)高校管理教育法规操作性不强

针对高校学生教育和管理，教育主管部门制定了《普通高等学校学生管理规定》《高等学校行为准则》《学生伤害事故处理办法》等一系列法规制度，这些文件对高校学生教育管理的内容进行了较为详细的规范说明，但是总体上来说，这些文件主要还是以指导性、原则性为基础制定的文件，针对具体的情况，操作性不强。

(四)高校学生教育管理流程法治化有待提升

管理流程公正透明是依法治校的基础，高校在学生事务管理上，工作流程的法治化也是不可或缺的基本要求。规范管理流程的程序，既可避免管理工作无法可依，无据可循，造成滥用权力的现象。同时也降低了工作中出现违法、违规的可能性，保证学生事务管理的公平性。在实践中，高校学生事务管理流程法治水平低主要体现在学生事先的知情权、处理的理由和依据、学生的抗辩权等几个方面的缺失。

(五)学生权利受损的法律救济途径不足

《高等学校学生管理规定》规定学生权利受损的救助途径包括申诉、听证、申辩等权利以及向法院或者上层管理机关提出诉讼和申诉等多种方式，但对学生申诉权实施的行为主体、申诉的内容、申诉流程、申诉相关的处理时间等没有统一、明确的规定，可操作性不强，实际工作中很多问题无法及时有效的解决。

三、学生事务管理法治化建设的基本路径

(一)完善学生事务管理法治体系

经过几十年的发展，我国基本形成了具有中国特色的高校法制工作体系，但在有些方面还不健全，有些学生事务管理问题无法可依，有一些法规已不符合时代要求。因此，从顶层设计上讲，有必要对高等教育法律法规进行全面的完善，实现内容统一、形式完整、层次分明，确保学生事务管理工作有法可依、有据可循。在各高校操作层面上，高校学生事务管理规章制度体系的构建，必须遵循合法、合规和可操作强三条原则，对已有的规章制度进行全面梳理，对违背上位法、不符合现实情况的内容进行调整；对操作性不强、

工作中不能形成有效指导的内容进行完善；针对新问题或者以往缺乏考虑的老问题，补充新的制度内容。

(二)规范学生事务管理流程

我国高校学生事务管理工作中，流程法治化意识相对还比较淡薄，管理过程中存在着流程漏洞非常常见。高校学生事务管理重事件正义、轻流程正义的现状比比皆是。特别是高校在对学生做出不利决定时，必须遵循处理流程的正当程序原则，一是保障学生的程序性权利，同时也是对高校自身的保护。具体而言，一是在事前程序上，公布有关涉及学生权益的规章制度时，在做出对特定学生不利的决定之前，必须通过书面方式正式告知学生具体内容、学校的依据、相关的证据以及学生所享有的权利。二是在事中程序上，要向学生说明做出决定所依据的事实、有关法规、其中的因果关系，听取学生陈述、申辩，在重大事项的决定上，必须有听证程序，再做出最终决定。三是在事后程序上，要将处理决定及时送达学生本人，并明确告知当事人救助途径及时效。

(三)推动学生参与学校民主管理

注重发挥学生的主人翁作用，让学生成为学校管理的参与者，改变学生只是被管理者和各类决定接受者的定位，有力促进学生对学校的管理制度与管理过程形成理解和认同，进而更大程度地支持学生事务管理工作，这样一方面充分汲取了学生智慧为学校管理服务，另一方面也使学校管理的民主性、法治性得以充分体现。同时，积极完善校内申诉制度，建构科学合理的学生申诉委员会队伍，保证学生代表人数，保障申诉委员会处理申诉事务的独立性，明确学生申诉事项的范围，规范申诉处理程序，确保学生的校内申诉能得到及时的、公平的审查。事实上听证制度和申诉制度的建立，对高校具有极端重要的意义，不仅体现出了高校对学生个人人格和权利的尊重，也是有效调解学生与高校之间纠纷和矛盾的可靠途径，从侧面反映高校学生事务管理规范化、法治化的建设水平。

（四）加强师生法治意识教育

高校学生事务管理法治化的实现，最终的落脚点在于师生。随着经济社会的快速发展，社会大众的法治理念和法律意识有了很大的提升，维权意识和维权行为也逐年增多。而在一些高校，管理者、教师依法保护自身权益、依规对学生实施教育与管理的意识和能力还不够强。高校要充分整合校内外资源，构建全方位的师生法治教育体系。高校可通过法律课程、讲座、校园文化活动、法律咨询等多种形式，以《中华人民共和国教育法》《中华人民共和国高等教育法》《普通高等学校学生管理规定》《中华人民共和国学位条例》等法律知识和学校章程等规章制度为内容，增强师生的法律知识储备，造就法治理念和法治思维，形成浸润式的师生法治宣传教育氛围。

校领导、管理层、教师、一线教辅工作者、学生等群体，都要全方位树立起以人为本、法律面前人人平等的理念，以法治化思维和规则面对学生事务管理工作，解决相关问题，全面提高学校依法管理学生事务的能力和水平。

参考文献

[1]汪华，孙霄兵.改革开放以来我国高等学校的法治建设及其时代发展[J].华东师范大学学报(教育科学版)，2019(5)：137-143.

[2]冯培.中国高校学生事务管理模式创新[M].北京：中国人民大学出版社，2009：10.

[3]应培礼，邹荣.高校学生事务管理法治化研究[M].北京：北京大学出版社，2017：19.

浅论家庭教育中的法治实践

许 洋

（武汉大学党政办公室）

摘 要： 家庭是社会的细胞，办好家庭教育，关乎孩子健康成长，也关乎国家和民族的未来。当前家庭教育中还存在依靠暴力解决问题，家长法治素养不高，法治教育内容缺失等问题，要通过强化下一代的法律意识，提高自身法治素养，促进家校协同教育等方式，进一步推进家庭教育中的法治实践。

关键词： 家庭教育；法治

家庭教育作为一种特殊的社会教育形式，虽然不具备学校教育的正规性、严密性、计划性和系统性，但无论是从家庭教育的时间、空间上来看，还是家庭教育的内容来看，家庭教育无疑贯穿下一代终身，对下一代的个性发展和性格塑造具有决定意义。2022 年 1 月 1 日起，《中华人民共和国家庭教育促进法》实施，为促进未成年人健康成长和全面发展提供了法治保障，树立起重视家庭教育的鲜明价值导向。

一、家庭教育的重要性

（一）良好的家庭教育有利于培养下一代形成正确的世界观、人生观、价值观

学校教育的一个重要目标就是培养学生形成正确的世界观、人生观、价

值观，因此许多家庭倾向于认同或者潜意识里已经默认培养孩子"三观"的责任在学校，父母只需起到辅助作用。但是家庭教育是一个贯穿孩子终身的过程，家庭是孩子的第一所学校，父母是孩子的第一任教师。在幼儿期，人的大脑发展处于最为迅速的时期，此时的家庭教育将给孩子一生带来不可磨灭的影响。家庭气氛的安定和睦、融洽温暖、民主平等有助于幼儿形成良好个性。双亲采取保护的、非干涉性的、民主宽容的教养态度，儿童的性格就更多地显示出独立性、积极性、态度友善、情绪稳定等特征。在此基础上，良好的家庭教育所带来的影响将贯穿孩子的一生。从家庭教育的影响途径和方式来看，家庭教育主要是在日常生活中使子女通过耳濡目染而受到潜移默化的影响。它不是通常意义上的有严密计划和系统性的正规教育。家庭教育有两种形式：一是家长有目的有意识地运用一定的教育方法对子女进行影响，比如对孩子进行表扬或批评等，这是一种有形的教育；二是家长利用和控制家庭环境并使之对子女产生积极的影响，如注意自己的言行，这是一种无形的教育。两种教育形式使得家庭教育表现出继承性。建构良好的家庭文化，能够优化未成年人接受思想道德教育的环境氛围。家庭文化构成家庭教育的氛围和基础，影响着未成年人思想道德的形成速度及方向。良好的家规建设、家风建设能够将未成年人的思想道德素质培养至符合社会公德所认同的水平。此外，家长自身的品行修养对未成年人起着耳濡目染的作用。父母的思想、品德、性格、兴趣、法治素质甚至生活习惯，都对子女产生重要影响。

(二)缺失的家庭教育必然对下一代带来负面影响

我们的下一代在道德社会化过程中尚未达到成熟期，有很强的可塑性，在道德认知、道德情感、道德意识、道德观念、道德习惯、法治思维、法治实践等方面都可以通过教育而获得、改变、提高。家长的品行素质即家长的道德品质和行为习惯，对家庭德育产生直接影响。父母表现出的道德法治倾向，孩子会将其内化为自身的某种认识和习惯，从而表现出自身的道德行为。因此，父母的品行对孩子的导向作用不可忽视。家长低水平的道德人格状况如品行不端正等，均会对孩子造成不良影响。在家庭氛围中，如果家长实行专制、一言堂，要求孩子对父母的话只能顺从，不能反抗，子女就会产生压抑心理，长期下去会形成孤独忧郁的不健康心理，包括适应性差、神经质、依赖性、情绪不稳定等特征。另外，如果家长过于追求考试分数、过于重视孩子的智力开发而忽视其他方面如自主能力的发展，会对孩子造成巨大压力，将是孩子健康成长的障碍，从而导致未成年人精神世界的空虚、道德理性的缺失。同样，紧张的家庭人际关系会造成未成年人的紧张压力，产生消极悲观情绪，对家庭失去信赖，对父母感情疏远，产生逆反心理，严重的还会造成心理疾病，无法健康成长。

二、当前家庭教育的误区

培养孩子良好的思想品质，行为习惯和法治思维，是家庭教育的中心内容。要使每个孩子在德、智、体、美、劳等几方面全面发展，成为"四有"新人，家庭教育是重要因素。家庭教育质量的不断提高，是社会进步的重要标志之一。然而，当前家庭教育仍存在一些不容忽视的问题。

(一)依靠暴力解决问题

往往利用暴力解决问题的孩子，他们大多数都有一个相同点，就是在家庭经常处于暴力环境中。孩子犯错以后，一些家长选择了简单粗暴的打一顿，再犯错就再打一顿。"暴力高压"造就的孩子，往往会出现两种情况，一种是被打怕了，唯唯诺诺，形成懦弱、胆小的性格，甚至会造成抑郁症等。另一种情况就是大多数情况下，孩子会表示服从，但内心其实不屑一顾，脱离了家长的视线，就会再犯，有的甚至会故意再犯表示抗争。在拳头下长大的孩子，大多会模仿家长的行为方式，遇到问题就采用暴力来解决，形成一种暴力至上的意识，容易走上违法犯罪的道路。

(二)自身法律素养不高

有的家长法律素养不高，法治意识不强，对法律的严肃性认识不够，在生活中不知道依靠法律解决问题，结果造成更大矛盾，离做一名尊法、学法、守法、用法的法治公民还有一定差距。特别是在一些农村地区，家长普遍缺乏基本的法律常识和法治思维，不懂得遇事找法，往往习惯性采用乡规定俗来解决矛盾争端，这些会给孩子成长带来很大影响，无益于孩子法治素养的提升。

(三)法治教育内容的缺失

父母对子女的愿望，必然会反映在家庭教育的内容上。由于家庭教育和家庭日常生活是紧密结合在一起的，既有有形的教育，又有无形的教育。家庭教育中占首位的内容是学习或智力培养。这固然与父母望子成龙有关，也与社会环境的作用有关。在"双减"政策没有实施前，中小学普遍追求升学率，大考小考不断。多种因素叠加在一起，使家长在家庭教育中把主要精力放在孩子的功课上，家庭成了学校以外的第二课堂，但第二课堂里往往缺失了最重要的法治教育内容一环。一个人再有本领，也不可能脱离社会、脱离集体，如不明白权利与义务的对等性，就必然不能很好的在法治社会中生存。

三、走出家庭教育误区的对策

(一)强化下一代的法治意识

非智力因素对人的成长起决定性作用，而无论是我们的学校还是家庭教育，其重心均过分倾斜在孩子的智力培养与发展上，轻视对孩子法治意识的培育，致使许多孩子的社会化程度弱化，出现惟我独尊，缺少法律常识等现象。孩子的成长过程，就是他们的社会化过程，也就是孩子学习知识技能、掌握行为规范、形成个性品质，从而具备履行一定社会角色能力的发展过程。注重孩子社会角色的培养，从个体角度说，必须教育孩子怎样做人，学会为人之道；从社会角度说，必须培养孩子社会适应能力，具备在社会中生存和发展的法律常识。

(二)提高家长自身法治素养

家长作为家庭教育实施过程当中的"老师"，其自身水平直接影响着孩子的教育效果，因此提高家长自身法治素养，能够提高科学教育子女的能力。为此，家长要以身作则，为家庭成员树立遵纪守法的好榜样，努力提高自身文明素养，增强法治观念，影响和带动家庭其他成员遵纪守法，自觉地按规矩办事。家长要带头遵守《中华人民共和国刑法》《中华人民共和国家庭教育促进法》等有关法律规定，利用各种契机，教育和影响其他家庭成员，懂得运用法律武器维护自己的正当权益。

(三)家庭教育、学校教育、社会教育协调发展

家庭、学校、社会共同担负着把年轻一代培养成社会主义可靠的接班人的任务，但是三者在教育内容、教育方法、教育效果上有着各自的特点，但彼此之间是互相依存、互相渗透、互相影响，互相制约的。因此，在强调家法治教育的同时，我们还必须把学校法治教育、社会法治教育各方面内容有机统一起来，分工合作，密切配合，形成一股教育合力，才能取得最佳的法治教育实践效果。

参考文献

[1]和玉恋. 浅议家庭教育存在的问题与对策[J]. 科教论丛，2008.

[2]中国青少年研究中心. 关注未成年人父母的教育素质 对问题家庭进行社会干预[R]. 专题研究报告，2003.

[3]夏毓婷. 家庭教育对未成年人思想道德建设的作用与影响研究——以武汉市家庭教育现状为例[J]. 长江论坛，2011，(4).

[4]葛缨，冯维. 我国家庭法治教育的现状和展望[J]. 西南政法大学学报，2005(6).

全面推进依法治校的路径初探

李天亮

(武汉大学党政办公室)

摘　要：全面推进依法治校的必要性、重要性和紧迫性，已经成为越来越高校的共识和行动，全面推进依法治校已经提上了高等教育改革发展的重要日程。要不断提高政治站位，站在提高治理体系和治理能力现代化的角度，准确识别全面推进依法治校中面临的困难，从认识论、实践论和方法论层面做好系统设计，从价值导向、制度权威、功能集成维度选择好实践路径，不断提高依法治校的系统性、针对性和有效性。

关键词：全面；依法治校；路径；初探

党的十八大以来，中国进入了新时代，全面依法治国进程稳步推进，确立了习近平法治思想在全面依法治国中的指导地位，高等教育也在全面依法治国的统领下、依法执政的框架中、依法治教的轨道上阔步前进。与此同时，高校的改革也在不断深化，高校面临的系统环境、发展条件、治理方式也发生了深刻变迁，如何治校、如何依法治校、如何全面依法治校成为高校发展的重要主题。全面推进依法治校必须结合高校的实际因地制宜，必须结合高校的特点因事而进，必须结合高校的发展因题施策，让依法治校在高校真正地开花结果。

一、全面推进依法治校面临的困难

随着高校治理环境的变化，全面推进依法治校也面临着不小的困难，依法治校"上热下冷""明热暗冷""时热时冷"的现象在一定范围内存在，法治工作"可有可无""可做可放""可多可少"的情况在一定程度上也有发生。这些现象出现的主要原因主要在于缺"识"、弱"制"、少"合"。

（一）"识"之不足

一是对全面推进依法治校的意识不足。依法治校已经成为大多数高校的自觉选择，但对于全面推进依法治校尚缺乏自觉的意识。依照哪些"法"，在哪些领域以及如何"治校"，如何"全面推进"，如何与政府部门的"依法执教"精准衔接，全面推进依法治校在学校治理体系中处于什么位置、要发挥什么样的功能，不少高校依然缺乏清晰的意识。

二是对全面推进依法治校的认识不足。全面推进依法治校既意味着要综合运用法律规范、法律原则、法律精神和法律逻辑来办学治校，还意味着学校自行制定的内部规章制度要符合法治思维、法治要求。全面推进依法治校的内涵、内容是什么，结构、逻辑是什么、方式、方法有什么要求，师生权利如何保障维护救济，不少高校依然缺乏足够的认识。

三是对全面推进依法治校的共识不足。依法治校不是可有可无，全面推进依法治校更不是可多可少。但全面推进依法治校与全面从严治党的关系如何，行政权力、学术权力、监督权力如何分工，全面推进依法治校在发展规划上、规章制度上、工作流程上如何落细落小落实，学校内部之间往往缺乏充分的讨论和足够的共识。

（二）"制"之不强

一是全面推进依法治校的体制不顺。高校普遍设立了依法治校领导小组，下设办公室，有的叫做法制办公室，有的叫做法治办公室，有的叫做法治与法务办公室，不一而足。但法制办(法制办)往往挂靠在学校党政办公室，缺乏独立行使的职权；此外，在二级单位，往往缺乏相应的机构或人员来从事法治工作，法治工作往往成为法治部门的工作。

二是全面推进依法治校的制度不实。不少高校制定了很多制度，但制度多停留在实施意见等规范性、应然性的层面，对实际情况关照结合得不够，缺乏相应的针对性和适用性，制度一大本，知道者了了，会用者不多，能用者也很少。依法治校的精神停留在"知"的层面、"成文法"的形态，尚没有形成逻辑闭环和实践闭环。

三是全面推进依法治校的机制不活。全面推进依法治校是个系统工程，既包括前期的调研会商机制，也包括中期的论证听证决策机制，亦包括后期的维护救济机制，更包括相应的纠错处理机制。但很多高校往往只有一部分的工作机制，重前不重后，重左不重右，导致依法治校的机制不够灵活，难以面面俱到，难以全面推进。

(三)"合"之不够

一是全面推进依法治校与学校治理体系的统合不够。目前，高校治理结构逐渐呈现出政府放权、高校自主办学的趋势，高校逐渐以独立的法人身份面对社会，但同时高校仍以事业单位的身份接受政府部门的管理，高校党委作为基层党委接受地方党委的领导，这三重关系孰轻孰重、孰先孰后，在具体实践中缺乏足够的统合。

二是全面推进依法治校与学校中心工作的融合不够。不少高校的依法治校工作与人才培养、科学研究等中心工作结合不够紧密，合同签订、校名和知识产权保护、对外合作办学存在不少漏洞，一些高校"官司缠身"，校名、校标等无形资产被侵权，对外签订的合同、规章制度、对师生员工的处理处分，缺少合法性审查。

三是全面推进依法治校与服务师生发展的结合不够。在高校的职称评审、岗位聘任、处理处分等涉及师生员工重大权益的申诉规则与程序等方面，依法治校的作用发挥得尚不充分；前期调研、决策过程、民主监督、信息公开、救济渠道、风险防范及分担等方面依然有不少薄弱环节，依法治校的功能体现得不够有力。

二、全面推进依法治校的系统设计

全面推进依法治校需要加大顶层设计、加强系统设计，将法治思维、法治精神、法治方式贯穿融入学校每一个决策政策的出台、每一项制度文件的制定、每一个事件案件的处理中去，构建纵向贯通、横向协同、内外联动的依法治校运行体系。

（一）从管理思维向治理思维提升

一是在加强党的全面领导中提升政治性。党中央多次以党内法规的形式明确党对高校工作的全面领导；国家也以法律、法规明确党对高校的领导。只有坚持和完善党委领导下的校长负责制，妥善处理好集体领导与个人分工负责的关系、党委与校长的关系、学校党委与学术组织之间的关系，才能保障好全面推进依法治校的政治性和导向性。

二是在强化师生的参与中提升民主性。要建好用活教代会、学代会等民主参与渠道，充分发挥好学术委员会、工会、共青团、妇联、学生会等组织的积极作用，也为师生员工提供好法律援助和服务，让师生员工在全面推进依法治校的过程中感受到存在感、参与感和获得感，让全面推进依法治校成为广大师生员工的自觉选择。

三是在平等协商的过程中提升规范性。全面推进依法治校既是一个实施的过程，更是学校与师生员工对话协商的过程，要善于通过协商，将处于上位的高等教育法律、法规、规章，落地转化为符合学校实际的规章制度，统筹好规章制度之间的有机衔接，兼顾好广大师生员工的意志、意愿和正当利益，尽力避免规则制订的部门化、工具化、实用化。

（二）从职责体系向功能体系转进

一是进一步细化权责清单。要以法治思维统领学校的机构设置、职责分工、发展规划等基础性工作，真正做到法无授权不可为、法定职责必须为，推动各二级单位有效规范权力、履行职责，进而厘清学校不同层级、不同领域工作间的边界和关系，确保权责清单各类事项均有明确的规章制度来源依据，形成位阶明确、依据标准的权责配置模式。

二是进一步强化目标导向。全面推进依法治校，既是为了教育法律及学校的规章制度得到有效实施，也是为了在高校的管理和服务中彰显公平正义，还是为了高校在法治的保障和约束下形成更加良好的校风、教风、学风。在全面推进依法治校的过程中，必须用目标凝聚共识，用目标凝聚合力，用目标凝聚行动。

三是进一步强化效果导向。在全面推进依法治校过程中，要把依法治校的要求融入到高校党委的顶层设计中，充分发挥好党委对行政权、学术权和民主监督权的统领作用。同时要让高校的规章制度经历过也经得起师生员工的讨论甚至批评，成为"良法"，不能成为"苛法"甚至是"恶法"，引导师生员工自觉守法、遇事找法、解决问题靠法。

(三)从制度管理向流程管理延伸

一是进一步强化制度的规范性。规范是规章制度的第一属性。全面推进依法治校，尤其要注重强化规章制度的规范性。既要强化规章制度的报批、起草、审核、论证、评估、清理、监督等全生命周期性管理；也要强化规章制度与上位法律法规的精准衔接、与相关规章制度的无缝衔接、与下位规章制度的整体一致。

二是进一步强化制度的流程性。制度的生命在于应用，缺乏配套流程的制度常常寸步难行。全面推进依法治校，必须要纠正以往"方便管理"的倾向，突出"方便应用"的服务导向；同时，要提前预估规章制度的应用场景，善于将不同规章制度间的相关程序有机地整合起来，集成起来，实现化零为整、化繁为简。

三是进一步强化制度的系统性。全面推进依法治校，必须加强顶层设计，加强对规章制度的政治定位、治理定位和功能定位，最需要避免的是规章制度之间出现矛盾、出现空白、出现偏差。同时，规章制度要预留空间，为规章制度的演进和完善留有足够的时间与可能，让规章制度浑然一体、简洁高效。

三、全面推进依法治校的实践路径

全面推进依法治校既需要同时发力、同向发力、综合发力，更需要强化依法治校的价值导向、制度权威和功能集成，让师生员工在全面推进依法治校的过程中充分体会到有价值的秩序感、受保障的安全感、被服务的获得感。

（一）强化依法治校的价值导向

一是在全面推进依法治校中加强党的全面领导。坚持党的全面领导是高校依法治校的本质特征，更是根本保障。全面推进依法治校，不能弱化党的领导，必须以规章制度的形式将党的领导落到实处，在细化、具体化的过程中也让党的领导更加规范化、更加制度化、更加法治化，不断提高党领导的权威和公信力。

二是在全面推进依法治校中落实立德树人。立德树人是高校的根本任务，也是全面推进依法治校的题中之义。既要针对高校实际、大学生特点，让规章制度体现更多的思想教育功能和价值引领导向，也要让规章制度适度体现约束感，更要让规章制度发挥保障、维护、救济的功能，让立德树人体现在依法治校的各个环节。

三是在全面推进依法治校中提高治理能力。治理体系的健全程度、治理能力的发展程度是依法治校的试金石。全面推进依法治校，必须把健全治理体系尤其是提高治理能力放在更加突出的位置，充分发挥规章制度的激励、引领、约束作用，在高校里积极营造各安其位、各负其责、各尽其能的治理环境和良好生态。

（二）强化依法治校的制度权威

一是努力提高制度的公信力。制度的生命、权威在于执行。全面推进依法治校，首先必须强化制度的可行性、有效性、可靠性、可信性，让制度切实发挥规范权力、保障权利、维护秩序、引领预期、提高效率的目的。同时，还必须强化制度的执行力，既要避免文件挂在墙上、口头上，又要避免在执行中走偏跑调，防止出现好的制度、差的执行。

二是努力提高制度的适用性。规章制度不是越多越好，更不是越严越好。规章制度必须因地制宜、因事制宜、因势制宜，契合对象的特点和属性，符合管理的规律和治理的要求。全面推进依法治校，要因时而进，不断更新优化规章制度，也要及时地清理甚至废止不合时宜的规章制度，让规章制度更加灵活精准有时效。

三是努力提高干部的执行力。再完美的制度也离不开执行的人。全面推进依法治校，干部尤其是领导干部是关键，要加强干部队伍建设，引导干部尤其是领导干部带头维护制度权威、做执行制度的表率，从而带动师生员工自觉尊崇制度、严格执行制度、坚决维护制度，让制度的公信力与干部的执行力相得益彰。

(三) 强化依法治校的功能集成

一是将权力行使和责任履行有机结合起来。全面推进依法治校，要优化顶层设计，按照权责匹配的原则，确保权力行使与责任履行的对称平衡。要坚决避免权力与责任的不对称现象，尤其是要防止权力行使任性和责任履行弹性的出现，营造有权必有责、有责要担当的工作氛围，不能出现选择性执行、打折扣、搞变通。

二是将权力运行和民主监督有机结合起来。全面推进依法治校，还要健全权力运行制约监督体系，把制度的笼子扎紧扎密，发挥好巡视、纪检、审计等部门的功能，发挥好教代会、学代会等组织的民主监督作用，完善党务公开、政府公开、信息公开等机制，让党员干部习惯在受监督和约束的环境中工作。

三是将权力约束和权利保护有机结合起来。全面推进依法治校，既要为权力规划出合理运行的范围、边界和逻辑，防止权力的肆意扩张；也要为权利的正当实现预留出相应的区间、尺度和程序，配套相应的维护、保障和救济机制。既要防止权力侵害权利现象的出现，也要防止出现权利干扰权力情况的发生。

高校执行力建设与党的建设

王业高

（武汉大学党政办公室）

摘　要：高校执行力建设应同高校党的建设结合起来。加强执行力建设，必须通过全面推进党的思想、组织、作风和制度建设，尤其要充分发挥高校党委的领导核心作用、基层党组织的战斗堡垒作用、党员的先锋模范作用。

关键词：高校；执行力；党建工作

执行力是一个政党或组织、单位和个人执政能力的重要标志和体现。提高执政能力，关键在于提高政党或组织、单位和个人的执行力。高校应加强执行力建设，从而进一步推进高校党的建设、开创高等教育事业新局面。

一、把提高执行力建设与加强党的思想理论建设结合起来

思想是行动的指南，观念是执行的先导。只有牢固树立终身学习的理念，坚持勤奋学习，加强知识积累，思想才会不断丰富，执行力才会不断提升。高校党委要通过党的思想理论建设，为执行力建设提供强有力的思想理论基础。党中央提出要建设学习型政党。高校党委要坚持用中国特色社会主义理论体系武装全校师生员工，引导师生员工努力学习和掌握现代科学文化知识，加强对师生员工的理想信念、职业道德、宗旨意识等方面的教育，从而不断提高师生员工的思想观念、业务水平、人格品质、精神境界和职业操守，确

立师生员工科学而鲜明的执行理念和执行意识。

二、把执行力建设与加强党的组织建设结合起来

党的组织是党的全部工作和战斗力的基础，也是执行力得以发挥的重要组织载体，执行力存在于学校各级党的组织和各种角色职位中。当我们说一所学校的执行力如何时，不仅是说领导者的决策和统筹执行能力怎么样，还包括党员在内的学校所有人员的执行力如何。执行力是一种合力，学校执行力的强弱取决于学校党委的领导核心作用、基层党组织的战斗堡垒作用、党员的先锋模范作用发挥的程度，取决于各组织结构体在互动中协同的程度。

一要加强高校领导班子建设，充分发挥高校党委在执行力建设中的领导核心作用。充分发挥高校党委的领导核心作用是推动执行力建设的关键。在执行力建设中，高校领导具有极强的示范性和带动力，一定要注意以身作则，率先垂范。领导班子执行力主要体现在两方面：一是科学决策。科学决策关系学校的兴衰。高校领导要培养开阔的世界眼光，培养多方面、多层次地研究新情况解决新问题的能力，具有先进的办学理念，具有改革创新的精神，这些是提出切合学校实际的办学目标和发展战略的基础和前提；同时要使决策的过程民主化，要充分发挥学校领导集体的整合优势，充分发挥师生员工在民主决策中的重要作用，充分发挥校务公开的信息平台作用。在决策过程中，党委要加强调查研究，调动各方参与的积极性，促进决策被全校师生员工认同。二是推动有效执行。要像重视决策一样重视执行。首先，要把选择合适的人作为推动执行的首要任务，采取积极有效的措施，培养优秀的执行主体；其次，要倡导真诚沟通的工作方式，增强集体合力；再次，要建立一种强大的监督措施和奖惩制度，逐步形成一种注重现实、目标明确、简捷高效、监督有力的执行力文化。

二要加强高校基层党组织建设，充分发挥高校基层党组织在执行力建设中的战斗堡垒作用。党的基层组织是党全部工作和战斗力的基础，高校基层党组织是落实党的路线方针政策和学校提出的各项工作任务的战斗堡垒。要

切实把学校基层党组织建设成为政治坚定、作风过硬、纪律严明、保障有力的坚强集体。第一，要科学合理设置基层党组织。以便于开展工作、便于对党员教育管理为基本原则，设置基层党组织。要结合各类党员的学科归属和专业、业务，建立相应学科党支部、专业党支部和业务党支部，学生党支部的设置也要充分考虑所在专业和年级。第二，选举好的基层党组织领导班子，配强支部书记。选好院(系)级单位党组织及下设党支部的书记至关重要，书记在基层组织工作中处于纽带和领头羊的地位，书记的素质和能力直接影响基层党组织的全部工作；同时要把学校基层党组织领导班子建设成为一个组织健全、群众信任、制度健全、锐意创新的班子。第三，要围绕学校、学院或部门中心工作，加强基层党组织的自身建设。要把学校基层党组织工作放到学校中心工作的大局中去思考、部署、安排，找准基层党组织工作与中心工作的结合点，克服基层党组织工作与中心工作两张皮的现象。基层党组织工作就是竭力促成本部门各项任务的完成。不融入到本部门的实际工作，党组织工作就难以有效开展，作用也就无从发挥。

三要充分发挥党员干部在执行力建设中的先锋模范作用。党员是组织执行中的基本元素和骨干力量，学校的发展战略和目标最终依赖于包括党员在内的师生员工的执行力来实现。因此，培育其价值观念和行为规范、提高其能力和素质是执行力建设的重心。学校党委要健全学习培训机制、教育管理机制、多维激励机制、绩效考核机制和创新督查机制，以激发党员的主动性、能动性和创造性。开展争先创优活动，全力搭建党员发挥先锋模范作用的平台，努力拓展执行力空间，使全体党员干部寻找到自己的位置，奋发而有所作为。总之，要采取各种措施激发包括党员在内的所有教职员工的创新精神，使他们保持积极的心态，具有坚决执行的信念，具有强烈的责任感和事业心，以提高他们执行的自觉性和有效性。

三、把执行力建设与加强党的作风建设结合起来

党的作风是党组织和党员的一贯态度和行为表现，反映的是一种长期形

成的精神风貌。作风关系执行力，作风好坏直接决定执行是否通畅，好的作风产生有效的执行力。高校必须全面加强思想作风、学风、工作作风、生活作风建设，弘扬新风正气，抵制歪风邪气，不断强化以下四方面的意识。一要强化服务意识。要心系群众，服务师生，深入实际，为师生员工干实事、办好事、解难事，把实现好、维护好、发展好师生员工的根本利益作为思考问题和开展工作的基点，作为执行力建设的归结点。二要强化责任意识。强化责任意识是推进作风建设的根本，是提高执行力的第一要义。要一切从实际出发，深入调查研究，不唯书、不唯上、只唯实；坚持说实话、想实招、鼓实劲、办实事、求实效，克服不执行、虚执行、乱执行的问题；坚持爱岗敬业，勇于奉献，把工作当事业，把职位当责任。三要增强团结意识。团结是做好各项工作的基础，团结才能共赢，团结出执行力。要强化团队意识，相互尊重、相互支持，既有分工又有合作，积极营造团结协作、协调配合的良好氛围。四要强化廉洁意识。强化廉洁意识是推进作风建设的保证。要坚持党性原则、公正待人、公道处事、生活正派、情趣健康。只有这样，各级领导干部才具有敢抓敢管、奖优罚劣、扶正压邪的胆气，才能形成正确的执行导向和良好的执行氛围。

四、把执行力建设与加强党的制度建设结合起来

制度具有根本性、全面性、稳定性和长期性。要将执行力的建设贯彻于党的制度建设之中。提高执行力，必须建立科学完善且操作性强的制度体系。要用制度规范人、监督人、管理人、激励人，通过制度制订、执行、督察、绩效四者联动，不断推进规章制度的完善，以制度建设加强执行的效果。一要加强和完善高校领导制度。高校领导干部是高校改革与发展的关键群体，是学校工作决策、组织、执行到位的第一因素。要坚持和完善党委领导下的校长负责制，着力推进决策机制、议事机制、沟通机制的创新；理顺院系的管理体制和运行机制，健全院系一级的党政联席会议制度，坚持集体领导、分工落实、共同负责的领导体制。二要进一步完善高校干部人事制度。毛泽

东同志说，政治路线确定之后，干部就是决定因素。要进一步完善干部培养、选拔、使用制度，把"想干事，会干事，干成事"的人提拔到学校各级领导岗位上；要深化干部人事制度改革，形成人尽其才、能上能下、公平公正、充满活力的干部人事制度。三要强化执行力为导向的考核和激励机制。改进高校现有的评估制度，建立动态、灵活、开放式的评价机制。坚持定性考核与定量考核、日常考核与年度考核、领导考核与群众考核相结合，将考核结果作为业绩评定、奖励惩处、选拔任用的重要依据，奖励执行者、鞭策空谈者、诫勉混事者，促进和保证执行力的提高。四要建立监督机制。通过定期检查、不定期抽查、专项检查和明察暗访等多种形式，不断加大纪律监督和效能监察力度，及时反馈执行过程中的问题，确保各项工作执行有力，落实到位。五要在科学、精简、协调、高效的原则下推进现代大学制度建设。建立现代大学制度是深化大学管理体制改革的前提，也是提高执行力的保障。

总之，高校的各项工作能不能做好，学校的教育事业能不能得到快速健康发展，学校综合实力和核心竞争力能不能得到不断提升，建设国际知名、有特色、高水平大学的目标能不能最终实现，很大程度上取决于高校的执行力。执行力建设关系着高校的生存与发展。而高校执行力建设与党的建设是密切相关的，内在地统一于推动学校的改革和发展事业中。加强高校党的建设，有利于提高高校执行力。高校执行力建设必须贯穿于高校党的思想、组织、作风和制度建设的各个方面、各个环节之中。

参考文献

[1]邓小平文选，第2卷[M].北京：人民出版社，1994.

[2]江泽民.论党的建设[M].北京：中央文献出版社，2001.

[3]习近平谈治国理政(第三卷)[M].北京：外文出版社，2020.